Das persönliche Horoskop
für alle, die am

17.
JULI

geboren sind

Verlag »Das persönliche Geburtstagsbuch«

Herausgegeben von Martin Weltenburger

Planung und Chefredaktion:

Alfred P. Zeller

Autoren und Redaktion:

Thomas Poppe, Harry Guckel/Multitask (Tabellen),
Mathias Forster, Ute Bogner,
Christine Flieger (Illustrationen), Peter Engel (Graphik)

Bildteil:

Redaktionsbüro Christian Zentner

© 1987 Verlag »Das persönliche Geburtstagsbuch GmbH«
München
Alle Rechte vorbehalten
Umschlag: R.O.S. Leonberg
Satz: Uhl + Massopust, Aalen
Druck und Bindung: Hazell Watson and Viney Ltd., Aylesbury
Printed in Great Britain

VORWORT

In diesem Buch werden Sie auf astrologischer Grundlage viel über sich erfahren. Manches davon haben Sie vielleicht schon gewußt oder zumindest geahnt. Sehr viel mehr jedoch wird für Sie völlig neu sein, wird Ihnen überraschende Erkenntnisse über Fähigkeiten und Kräfte vermitteln, die in Ihnen schlummern. Dadurch können sich Ihnen bislang ungeahnte Möglichkeiten für eine befriedigendere und erfolgreichere Gestaltung Ihres Lebens eröffnen. Aber auch über Ihre Schwächen und Mängel erhalten Sie hier Auskunft, und das ist für Sie fast ebenso wichtig: Nur wenn Sie Ihre Fehler erkennen, können Sie dagegen ankämpfen und dadurch erreichen, daß Ihnen weniger mißlingt und das Zusammenleben mit den Mitmenschen reibungsloser und erfreulicher wird.

Astrologie ist weder eine verstaubte Geheimwissenschaft noch eine fragwürdige Zukunftsdeutelei, und erst recht ist sie kein bequemer Vorwand, sich mit dem Hinweis auf einen angeblichen »Schicksalszwang« der Gestirne persönlicher Verantwortung zu entziehen. Vielmehr ist sie die älteste, auf jahrtausendelanger Beobachtung und Bezugsetzung kosmischen und irdischen Geschehens gründende Erfahrungswissenschaft der Menschheit, mit der sich zu allen Zeiten die fortschrittlichsten Geister ihrer Zeit befaßt haben, um die Zeitenwende der Universalgelehrte Ptolemäus ebenso wie an der Schwelle zur Neuzeit der große Arzt Paracelsus, der Humanist Melanchthon und die Begründer der modernen Astronomie und Naturwissenschaft: Kopernikus, Galilei und Kepler. Auch in Goethes Werken ist viel astrologisches Gedankengut lebendig.

Astrologie geht von der Erkenntnis aus, daß der Mensch kein isoliertes, abgekapseltes Lebewesen ist, sondern eingebettet ist in ein soziales, geographisches und kosmisches Umfeld, in ein Geflecht von subtilen Beziehungen, die ihn vielfach prägen und beeinflussen. Kosmische »Uhren« steuern alle Lebensvorgänge auf der Erde, kosmisches Geschehen bewirkt den Wechsel von Tag und Nacht, den Ablauf der Jahreszeiten, die Folge von Ebbe und Flut. Alle grundlegenden Lebensvorgänge sind in der Natur im ganzen oder im einzelnen kosmisch geprägt und geregelt. Daß dabei auch Strahlungen, die aus dem Weltall zu uns gelangen, eine bedeutsame Rolle spielen, hat man erst in jüngster Zeit entdeckt oder besser gesagt wiederentdeckt, denn unsere Vorfahren haben das schon vor Jahrtausenden intuitiv geahnt.

Kosmisch geprägt wird allerdings nicht eine leere Form, sondern ein individuelles Lebewesen, das von seinen Eltern genetisch verankerte Erbanlagen mitbekommen hat. Wie die genetischen und kosmischen Anlagen verwirklicht werden können, hängt wesentlich vom Umfeld ab, in dem sich das Leben entfaltet. Deshalb reicht ein Horoskop allein nicht aus, um einen Menschen in seiner ganzen Vielfalt zu erfassen und seinen Lebensweg zu erklären.

Seriöse Astrologie bezieht in die Horoskopdeutung stets auch den Horoskopeigner selbst und sein soziales Umfeld mit ein. Astrologie zeichnet keine Zwangsläufigkeiten vor, sie will und kann keine persönlichen Entscheidungen abnehmen oder aufdrängen, sondern vielmehr dem Menschen durch das Aufzeigen seiner Möglichkeiten und Grenzen helfen, die richtigen Entscheidungen zu treffen, will ihm so eine praktische Lebenshilfe sein.

Dieses Buch ermöglicht es Ihnen, zu entdecken, welche Wesenszüge und Fähigkeiten die kosmische Prägung Ihnen gegeben hat, weist Sie auf Ihre Stärken und Entwicklungsmöglichkeiten, aber auch auf Ihre Schwächen und Gefährdungen hin. Das im ersten Teil gezeichnete Bild beruht auf den beiden wichtigsten Gegebenheiten des Geburtshoroskops, dem Sonnenzeichen und dem Aszendenten, und wird vertieft durch die Aussagen der chinesischen und indianischen Astrologie sowie des keltischen Baum-Horoskops.

Sonnenzeichen und Aszendent sind aber nur zwei von vielen kosmischen Prägefaktoren, so daß die daraus abgeleiteten Aussagen zwangsläufig unvollständig sind und nicht die ganze Vielschichtigkeit und Einzigartigkeit eines Menschen erfassen und nachzeichnen können. Dazu braucht man ein individuelles Geburtshoroskop. Wir bieten Ihnen im zweiten Teil dieses Buches die Möglichkeit, ohne große Rechnerei Ihr persönliches Horoskop zu erstellen und mit Hilfe von Deutungstabellen die Auskünfte des ersten Buchteils entsprechend Ihren ganz persönlichen Gegebenheiten zu ergänzen und zu vertiefen, so daß ein wirklich umfassendes, in Einzelheiten gehendes Charakterbild entsteht.

Im dritten Teil schließlich geben wir Ihnen einen Ausblick auf Ihre Chancen und Gefährdungen in den kommenden Jahren. Detaillierte Aussagen sind freilich nur auf der Grundlage eines Individualhoroskops möglich, aber hilfreich ist es auch schon, wenn man die zu erwartenden Grundtendenzen mit ihren Positiv- und Negativphasen kennt, so daß man sich darauf einstellen und ungünstigen Gegebenheiten durch eigenes Bemühen entgegenwirken kann.

Wenn Sie nun allerdings mit Hilfe dieses Buches auch gleich noch die Horoskope aller Ihrer Angehörigen und Freunde erstellen wollen, müssen wir Sie leider enttäuschen, es sei denn, alle hätten am gleichen Tag Geburtstag. In jedem Buch sind nur die Tabellen der Gestirnstände und Aszendenten des betreffenden Tages enthalten: die vollständigen Tabellen für das ganze Jahr füllen weit über tausend Seiten.

Verlag und Redaktion

INHALT

III.
Meine Chancen und Gefährdungen
für die Jahre 1988–1992   119

Tierkreiszeichen auf einer persischen Schale.
Entstanden um 1563.

7

Messahalah, Der Astronom, 1504

I.
Meine kosmische Prägung

Mein Tierkreiszeichen und Planet

Ihr Tierkreiszeichen ist Krebs, Ihr Planet der Mond (die traditionelle Astrologie bezeichnet auch Sonne und Mond als Planeten; wir verwenden den Ausdruck »Gestirn«).

Krebs ist ein kardinales Wasserzeichen mit Minus-Polarität. Kardinal nennt man Zeichen, die die Hauptpunkte des Tierkreises bezeichnen, also Frühlings- und Herbstpunkt sowie Sommer- und Winter-Sonnenwende. Das Zeichen Krebs markiert die Sommer-Sonnenwende und ist von starker Wirkmacht. Es symbolisiert emporstrebende Kraft mit Tendenz zur Verinnerlichung, Empfindsamkeit, Gefühlsstärke, aber auch eine gewisse Passivität. Als dem Element Wasser zugeordnetes Zeichen steht es für passives Tun (Leitwort »Einsicht«), Intuition und Phantasie. Die dadurch bestimmten Haupteigenschaften sind Feinfühligkeit, Vorsicht, Strebsamkeit, Ausdauer, aber auch Mißtrauen, Abkapselung und Passivität. Die Polarität gibt die Wirkrichtung eines Zeichens an. Positive Zeichen wirken von innen nach außen, negative Zeichen von außen nach innen. Krebs ist ein Zeichen mit Minus-Polarität, also ein »passives« Zeichen, das Empfänglichkeit und verinnerlichende Weltoffenheit symbolisiert.

Die astrologischen Grundqualitäten des Sommerzeichens Krebs lassen sich unter dem Kennwort »introvertierende Weltergreifung« zusammenfassen. Im einzelnen symbolisiert das

Zeichen Empfänglichkeit, Feinfühligkeit, Empfindlichkeit, Phantasie, Gefühlstiefe, Beharrlichkeit, Verzichtbereitschaft, aber auch einen Hang zur Abkapselung, zu Passivität und zu Launenhaftigkeit durch Beeinflußbarkeit und innere Unsicherheit. Besonders stark ist die Prägekraft des Zeichens, wenn in ihm nicht nur zum Zeitpunkt der Geburt die Sonne gestanden hat, sondern auch der Aszendent in ihm liegt.

Der Mond auf einem einrädrigen Wagen, dessen Rad
das einzige Domizil Krebs ist.
Holzschnitt von Hans Sebald Beham 1530/40

Jedem Tierkreiszeichen ist das Gestirn zugeordnet, dessen Prinzip ihm am vollkommensten entspricht; das jeweilige Gestirn bezeichnet man als »Planetenherrscher«. Im Zeichen Krebs »herrscht« der Mond, dessen energetisches Prinzip die Gestaltungskraft ist. Er ist ein weibliches Gestirn, das Gefühl, Empfindung, Veränderlichkeit, Seele und Unterbewußtsein symbolisiert, im Negativen freilich auch Launen und Wechselhaftigkeit von Ansichten und Zielen.

Wenn in Ihrem Individualhoroskop (siehe zweiter Teil unseres Buches) der Mond in Ihrem Sonnenzeichen Krebs oder in Ihrem Aszendentenzeichen steht, verstärkt er die gleichgerichteten Prägekräfte Ihres Tierkreiszeichens und bestimmt wesentlich die »Grundqualität« Ihres Horoskops.

10

Positive Mond-Eigenschaften sind: Seelische Aufgeschlossenheit, innere Erlebnisfähigkeit, lebensverbundene Intelligenz, bildhaftes Denken, reiche Phantasie, starke Triebkraft, reflektierender Verstand, Objektivität, Sensibilität, Anhänglichkeit, Anpassungsfähigkeit, Einfühlsamkeit, Anteilnahme, Suggestibilität, Gestaltungskraft, Sparsamkeit, Häuslichkeit, persönlicher Idealismus.

Negative Mond-Eigenschaften sind: Unbeständigkeit, Mangel an Entschlußkraft und Durchsetzungsvermögen, Beeinflußbarkeit, Wankelmut, Ziellosigkeit, Launenhaftigkeit, Mangel an Konzentration und Ausdauer, Unberechenbarkeit, persönliche Überempfindlichkeit, Verworrenheit, Mangel an Sachlichkeit, Trotz und Eigensinn aus innerer Unsicherheit, Unselbständigkeit und Verführbarkeit.

Seit alters gibt es für die Tierkreiszeichen und Planeten symbolische Bezugsetzungen, die freilich für die heutige Individualhoroskopie keine große Bedeutung mehr haben. Immerhin interessieren sich noch viele Menschen dafür. Hier also Ihre Symbolbezüge:

Ihr Element ist das Wasser.
Ihre Farben sind Grün, Silber und Weiß.
Ihr Temperament ist das melancholische.
Ihr Metall ist das Silber.
Ihre Edelsteine sind Kristall, Smaragd, Mondstein, Opal und Perlen.
Ihr Wochentag ist der Montag.
Ihre Tiere sind Hauskatze, Ziege, Kuh, Schwein, Gans, Ente, Henne, Kaninchen, Hase, Krebs, Frosch, Muschel, Fisch, alle Wasservögel, aber auch Käfer, Termiten, Wespen, Bienen und Mücken.
Ihre Pflanzen sind Gänseblümchen, alle Wasserpflanzen (z. B. Schilf, Algen, Binsen), Kartoffeln, Bohnen, Gurken, Kürbisse, Melonen.
Ihre Zahlen sind die Zwei und die Sieben.

Wer bin ich?

Am Tag Ihrer Geburt stand die Sonne in der dritten Krebs-Dekade. Aus diesem Sonnenstand lassen sich grundsätzliche Aussagen ableiten, die freilich auf Ihren Aszendenten (siehe Seite 40) und die Eigenheiten Ihres persönlichen Horoskops (siehe zweiter Teil dieses Buches) abgestimmt werden sollten. Sie sind im

Wesen:	gefühlsbetont, introvertiert, empfindsam, freundlich;
Auftreten:	ruhig, verhalten, verbindlich, bedächtig bis langsam, manchmal unsicher und ängstlich;
Wollen:	stimmungsabhängig, schutzsuchend und beschützend, hilfsbereit, nicht sonderlich zielstrebig, traditionsverhaftet, auf Absicherung bedacht, dem Schönen zugetan;
Denken:	phantasievoll, vielseitig, gefühlsbestimmt, assoziativ, idealistisch, manchmal unstet, verschwommen und unberechenbar;
Handeln:	reaktiv, hilfsbereit, besorgt, vorsichtig, auf äußeren Beifall bedacht, stimmungsabhängig, wenig ausdauernd, manchmal unzuverlässig;
Ausdruck:	feinfühlig, zurückhaltend, unbestimmt, manchmal unklar und unlogisch;
Fühlen:	warmherzig, anlehnungsbedürftig, mitfühlend, zärtlich, besitzergreifend, nicht sonderlich beständig, manchmal sentimental und stark sinnlich.

Als Krebs-Geborener der dritten Dekade sind Sie sehr empfänglich und empfindsam für alle Einflüsse und Eindrücke, die aus der Umwelt auf Sie einströmen. Ihre starke Gefühlsabhängigkeit, die auch auf den Einfluß Ihres »Planetenherrschers«, des Mondes, zurückzuführen ist, macht Sie häufig anlehnungsbedürftig und unselbständig. Nach außen hin sind Sie eher verhalten bis verschlossen, wenngleich meist freundlich: Es dauert einige Zeit, bis man den Schlüssel zu Ihrem komplexen Wesen entdeckt. Nicht selten wirft man Ihnen Launenhaftigkeit und Unbeständigkeit vor, und das sicherlich nicht ganz zu Unrecht. Ihr Handeln ist durch eine schwer durchschaubare, wetterwendische und gefühlsabhängige innere Logik bestimmt, die sich kaum in rationale Begriffe fassen läßt. Besonders in jungen Jahren fällt es Ihnen recht schwer, Ihre Gefühlslage, die auch Ihr ganzes Denken und Tun bestimmt, einigermaßen konstant zu halten. Überreaktionen kommen häufig vor, oft weiß Ihre Umgebung nicht, woran sie mit Ihnen ist. Man braucht schon einige Geduld und Nachsicht, um Reibungen zu vermeiden, und stets muß man auf überraschende Stimmungsumschwünge gefaßt sein. Es lohnt sich aber, mit Ihnen Geduld zu haben, denn Sie sind ein Mensch tiefer und warmer Gefühle, der anderen neue Empfindungswelten und innere Horizonte zu erschließen vermag und mit einem intuitiven Gespür auf Mitmenschen und die Umwelt eingehen kann. Zu Ihren positiven Fähigkeiten zählen Feinfühligkeit, Mitgefühl, Vorsicht, Klugheit, Häuslichkeit, ein ausgeprägter Beschützerinstinkt, Gutmütigkeit und ein reiches Gefühlsleben, wozu unter dem Einfluß des Nachbar-Tierkreiszeichens Löwe noch Unabhängigkeit, Großzügigkeit, Sinnlichkeit und Herzlichkeit kommen können. Verstärkt, abgeschwächt oder gar ins Gegenteil verkehrt werden können diese Eigenschaften durch die übrigen Faktoren Ihres Geburtshoroskops, die Sie im zweiten Teil dieses Buches kennenlernen. Unter Umständen werden dann daraus Launenhaftigkeit, Überempfindlichkeit, Neigung zum Selbstmitleid, Dünnhäutigkeit, Habgier, Beeinflußbarkeit, Wankelmut, Trägheit, Passivität und bei deutlichem Löwe-Einfluß am Ende der Dekade auch noch Hochmut, Vergnügungssucht, Egoismus und Triebhaftigkeit. Ihre komplexe Gefühlswelt machte sich schon in der Kindheit bemerkbar. Ein ausgeprägter Anklammerungsreflex zählt zu Ihrer natürlichen »Grundausstattung« und macht feste, starke Bezugspersonen nötig, die Ihnen viel Liebe und Zuwendung schenken. Sie brauchen viel Ermunterung, Lob und Anerkennung, um allmählich innere Sicherheit und Selbstvertrauen zu gewinnen. Ihre seelische Verwundbarkeit macht es Ihnen schwer, sich den Anforderungen der rauhen Wirklichkeit zu stellen. Um sich ihnen zu entziehen, entwickeln Krebs-Geborene in der Regel schon früh eine Art von Schutz- und Fluchtmechanismus, indem sie sich in ihr »Krebsgehäuse« zurückziehen. Dort haben sie sich eine Traum- und Wunschwelt aufgebaut, die ihre reiche Phantasie ihnen willig liefert. Dieser psychische Mechanismus, der oft zeitlebens beibehalten wird, findet auch eine äußere Entsprechung: Krebsgeborene sind meist sehr häuslich, brauchen ein Refugium, das ihnen Zuflucht und Geborgenheit gewährt, wenn äußerer Druck auf ihnen lastet. Für sie ist das Zuhause keine Durchgangsstation, von der aus sie immer wieder zu neuen Taten aufbrechen, sondern ihr ureigenstes Revier, das sie zwar fast immer mit viel Geschmack wohnlich einrichten, das sie aber weit weniger bereitwillig als Vertreter anderer Tierkreiszeichen für Außenstehende öffnen. Zwar sehnen sie sich nach menschlicher Wärme und sind deshalb keineswegs ungesellig, und ihre stete Hilfsbereitschaft sichert Gästen immer eine freundliche Aufnahme, doch letztlich betrachten sie ihr trautes Heim als Privatsphäre, die nicht allzusehr von der »Außenwelt« überschwemmt werden sollte. Voll integriert in diese Sphäre sind lediglich der Lebenspartner und eventuelle Kinder.

Der schon erwähnte kindliche Anklammerungsreflex äußert sich später als Festhalten- und Bewahrenwollen, als Streben nach Absicherung und Sicherstellung. Ebenso wie in materieller Hinsicht zeigt sich das in zwischenmenschlichen Beziehungen. Der Krebs-Geborene ist ihm nahestehenden Menschen gegenüber ungemein fürsorglich, will sie beschützen, abschirmen, unter die Fittiche nehmen. Er ist darauf bedacht, ihnen ein geborgenes Zuhause zu schaffen, wie er es auch für sich selbst braucht. Gleichzeitig aber werden diese Menschen für ihn zu einer Art von Besitz, auf den Ausschließlichkeitsanspruch erhoben wird; eifersüchtig wird darüber gewacht, daß dieser »Besitzstand« nicht angetastet wird. Auf diese Weise kann die Beziehung für den anderen zum »goldenen Käfig« werden, in dem er sich eingesperrt fühlt. Gewiß geschieht das in bester Absicht, glaubt doch der Krebs-Geborene, dadurch die Stabilität und Dauer der Bindung stärken zu können; daß dies als erstickende Einengung des persönlichen Freiraums empfunden werden könnte, kommt ihm gar nicht in den Sinn. Letztlich ist diese Bemutterung freilich nicht so selbstlos, wie sich der Krebs-Geborene vielleicht einredet: In Wirklichkeit ist es eine Art von »Investition«, die in der insgeheimen Erwartung von Lob, Anerkennung und Dank vorgenommen wird, die für den Krebs-Geborenen so wichtig sind. Dies wird offenbar, wenn der andere sich dieser wohlmeinenden Tyrannei zu entziehen versucht: Die Reaktion darauf ist Groll oder gar offene Wut.

Als Krebs-Geborener brauchen Sie zur Stärkung Ihres Selbstwertgefühls nicht nur Erfolgserlebnisse, sondern auch Lob und Beifall von außen. Die Leistungsbereitschaft kann weitgehend von äußerer Anerkennung abhängig werden, und das ist nicht ganz ungefährlich, können doch andere, die dies wissen, durch wohldosierte Ermunterung Sie in gewissem Umfang steuern und unter Umständen sogar in Richtungen lenken, in die Sie gar nicht wollen. Zweifellos sind Sie durch die Abhängigkeit von Umwelteinflüssen – besonders wenn diese auf Ihre Gefühls- und Stimmungslagen einwirken – mehr oder weniger manipulierbar, aber wer meint, daß Sie sich grundsätzlich leicht beherrschen und unterwerfen ließen, irrt sich gründlich. Besonders wenn Sie gegen Ende der Dekade geboren sind, so daß bereits das Nachbarzeichen Löwe auf Sie einwirkt, sind Sie recht eigenwillig, lehnen Zwang und Unterordnung ab und lassen sich nicht herumkommandieren. Beeinflußbar sind Sie hauptsächlich auf der Gefühlsebene.

Die Abhängigkeit von Gefühlen und Stimmungen kann Ihnen und Ihrer Umwelt zu schaffen machen, denn sie wirkt sich auf Ihr ganzes Denken und Tun und damit auch auf Ihre Leistungsbereitschaft, Leistungsfähigkeit und Ihre zwischenmenschlichen Beziehungen aus. In der Regel sind Sie ziemlich labil, also in Ihrer Gemütslage häufigen und recht starken Schwankungen unterworfen, für die selten erkennbare Ursachen vorliegen. Rein verstandesmäßig können Sie das nicht steuern, doch kann ein bewußtes Bemühen um die Erhaltung bzw. Wiederherstellung des leib-seelischen Gleichgewichts eine gewisse Stabilisierung bewirken. Da nicht nur Ihre Mitmenschen, sondern auch Sie selbst unter Ihrer Launenhaftigkeit leiden, käme das Ihren sowieso nicht sonderlich strapazierfähigen Nerven zugute, so daß Sie insgesamt ausgeglichener und belastbarer werden. Gut wäre für Sie ein verständnisvoller Partner, der Ihre Stimmungsschwankungen aufzufangen und Ihnen mehr innere Sicherheit zu geben vermag. Diese Hinwendung wird belohnt werden, denn Sie sind ein treuer, opferbereiter Wegbegleiter, der in seelischen Notlagen mit großer Einfühlsamkeit ein hilfreicher Ratgeber ist.

Sie streben nach Absicherung und Stabilität, nicht nur emotionell, sondern auch für Ihren materiellen Lebensrahmen. In materieller Hinsicht fällt es Ihnen jedoch häufig nicht leicht, dieses Ziel zu erreichen. Ihr Energiepotential ist begrenzt, Sie haben keine harten Ellenbogen, und sonderlich geschäftstüchtig sind Sie selten. Durch Fehlschläge lassen Sie sich leicht entmutigen und werfen deshalb oft vorschnell die Flinte ins Korn. Die Gefühlsabhängigkeit erschwert es Ihnen, geraden Kurs zu halten. Auf der anderen Seite jedoch haben Sie ein intuitives Gespür, das Ihnen vielfach zugute kommen kann, eröffnet es Ihnen doch Perspektiven und Möglichkeiten, die dem Verstandesmenschen weitgehend verschlossen bleiben. Mangel an Kraft gleichen Sie teilweise durch zähen Durchhaltewillen aus. Am Ende der Dekade wird die Passivität des Krebs-Geborenen durch den Löwe-Einfluß stark gemildert, so daß mehr Dynamik Denken und Handeln belebt. Insgesamt wurden Ihnen so viele positive Eigenschaften in die Wiege gelegt, daß Sie wahrlich keinen Grund haben, sich zweifelnd in Ihr »Krebsgehäuse« zu verkriechen. Wenn Sie sich dies einmal klarmachen, werden Sie auch mehr Selbstvertrauen und Sicherheit gewinnen. Ein gesundes Selbstwertgefühl trägt zur inneren Stabilisierung bei und gibt Ihnen so viel Auftrieb, daß Sie in Ihrem Leistungsvermögen vom Lob und Beifall der Mitmenschen weitgehend unabhängig werden. Denken Sie einmal darüber nach, und bemühen Sie sich bewußt um Ihr inneres Gleichgewicht, damit Sie mehr Standfestigkeit und Durchsetzungsvermögen gewinnen. Wenn Ihnen dies gelingt, werden Ihre vielen positiven Eigenschaften zu voller Entfaltung kommen und Ihnen eine befriedigendere und beglückendere Gestaltung Ihres Lebens ermöglichen.

Sterndeuter.
Aus einem Planetenbuch von 1596

Meine Anlagen und Neigungen

Sie sind introvertiert, vorwiegend nach innen gewandt, leben also gleichsam von außen nach innen. Das bedeutet, daß Sie Menschen, Ereignisse und Aufgaben in der Regel vorsichtig abwartend auf sich zukommen lassen, bevor Sie aktiv werden. Rasch zupackendes Handeln ist selten Ihr Fall; statt zu agieren reagieren Sie eher, aber das tun Sie meist angemessener und treffsicherer als andere, da Sie mit viel Sensibilität und Intuition oft den Kern einer Situation schneller und genauer erfassen als Menschen, die sich von analytischem Intellekt leiten lassen. Gesteigerte Dynamik zeichnet Ihr Reaktionsvermögen aus, wenn Sie am Ende der dritten Krebs-Dekade geboren sind.

Nur selten kommen Sie in die Versuchung, Ihre Interessen rücksichtslos auf Kosten anderer durchboxen zu wollen. Nicht harte Ellenbogen, sondern seelische Aggression und Abwehr sind Ihre Waffen, die als Schmollen, Beleidigtsein oder Tränen zum Einsatz kommen. Weder seelisch noch nervlich sind Sie sonderlich robust und sind deshalb instinktiv bemüht, Ihren weichen, verletzlichen Kern gegen die Umwelt abzuschotten: Wenn Sie verunsichert oder entmutigt sind, wenn tatsächliches oder vermeintliches Unrecht Sie trifft, ziehen Sie sich in Ihr »Krebsgehäuse« zurück und flüchten sich vor der rauhen Wirklichkeit in eine Wunsch- und Traumwelt, die Ihnen Ihre reiche Phantasie tröstlich auspolstert. Dieses Verhaltensmuster zeigt sich schon beim Krebs-Kind und wird nicht selten zeitlebens beibehalten; zwischenmenschliche Beziehungen können durch diese Tendenz zur Realitätsflucht stark belastet werden.

Eltern und Erzieher können einiges dazu tun, um beim Krebs-Kind diese Neigung abzuschwächen. Am wichtigsten ist eine Stärkung des oft sehr labilen Selbstwertgefühls. Um dem Kind die hierfür notwendigen Erfolgserlebnisse zu verschaffen, sollten seine zahlreichen positiven Anlagen gezielt gefördert werden. Wichtig ist auch eine Minderung der in frühen Jahren häufig zu beobachtenden Kontaktscheu durch das Zusammenführen mit Kindern, von denen das Krebs-Kind anerkannt wird; solche Beziehungen lassen sich behutsam steuern, damit soziales Verhalten erlernt wird. Mit dem Eintritt in die Schule nehmen die zwischenmenschlichen Kontakte von selbst zu. Vielleicht ist es bis dahin gelungen, die Launenhaftigkeit des Kindes zu mäßigen, doch eine Abhängigkeit von schwankenden Gefühlen und Stimmungen bleibt bei Krebs-Geborenen immer bestehen. Diese Schwankungen wirken sich zwangsläufig auf die schulischen Leistungen aus, weshalb die Noten oft weniger gut sind, als man aufgrund der Lernfähigkeit von Krebs-Geborenen erwartet. Dazu kommt, daß sie sich mit abstraktem Lehrstoff meist schwertun; eine konkrete Veranschaulichung kann das Erfassen erleichtern. Krebs-Kinder sind selten sonderlich auffällige Schüler; sie bemühen sich, den Anforderungen gerecht zu werden, vertragen aber den Leistungsdruck der Schule nur schlecht. Sinnvoll ist für sie ein Ausgleich durch Erfolgserlebnisse auf Gebieten, auf denen sie sich hervortun können. Dazu zählen Handarbeiten, Kunst und Musik. Eine Überfütterung der ohnedies reichen Phantasie durch übermäßiges Romane-Lesen oder Ansehen von Filmen sollte vermieden werden; auf ausreichenden Schlaf und gezielten körperlichen Ausgleich durch Wandern, Gymnastik und Sport sollte geachtet werden.

In jungen Jahren sind die Berufspläne des Krebs-Geborenen häufig idealistisch und romantisch gefärbt. Entsprechend der angeborenen Gefühlsbetonung steht meist der Wunsch im Vordergrund, anderen zu helfen, Not zu lindern, für Gerechtigkeit einzutreten. Zwar kann später das Eigeninteresse in den Vordergrund treten und eine wirklichkeitsbezogenere Einschätzung der eigenen Möglichkeiten und der tatsächlichen Gegebenheiten die Jugendträume verblassen lassen, doch finden sich in den Sozial- und Heilberufen seit jeher überdurchschnittlich viele Krebs-Geborenen. Bis sich gegen Ende und nach Abschluß der Schulzeit ein festes Berufsziel herauskristallisiert hat, kann es lange dauern, und auch die ersten Schritte ins Berufsleben sagen noch nichts darüber aus, wohin der Weg führen wird. Bis etwa zum dreißigsten Lebensjahr können wiederholte Anläufe gemacht werden; mehrere Stellenwechsel oder auch das Umsatteln auf einen anderen Beruf sind eher die Regel als die Ausnahme. Damit stehen freilich die Krebs-Geborenen in unserer Zeit einer gesteigerten beruflichen Mobilität keineswegs allein, denn nur noch eine Minderheit der jungen Menschen wird in Zukunft zeitlebens im zunächst erwählten Beruf bleiben. Lediglich bei Krebs-Geborenen, die in ihrem Bedürfnis nach Absicherung und Stabilität eine Tätigkeit bei einer Behörde oder in einem krisenfesten Großbetrieb anstreben, kann der Berufsweg geradliniger verlaufen.

Am meisten sagt dem Krebs-Geborenen ein Beruf zu, zu dem er eine gefühlsmäßige Beziehung hat. Am Arbeitsplatz selbst sind eine möglichst spannungsfreie Atmosphäre und ein gewisser Freiraum für ihn nötig; er will weder dirigiert noch herumkommandiert werden und erträgt starre Vorschriften und Regeln nur schwer. Ein freier Beruf, in dem er sich seine Arbeitswelt weitgehend selbst gestalten kann, kommt seinen Neigungen entgegen, doch da es ihm häufig an Zielstrebigkeit, Durchsetzungsvermögen und Geschäftstüchtigkeit fehlt, hat er einige Mühe, die erwünschte materielle Absicherung und Stabilität zu erreichen. Für den finanziellen Erfolg wäre es für ihn wichtig, Partner oder Mitarbeiter zu haben, die seine Mängel ausgleichen.

Nicht mehr sehr sinnvoll in unserer Zeit sind die Zuordnungen bestimmter Berufe zu den Tierkreiszeichen, wie sie in der astrologischen Literatur noch zu finden sind. Durch die Entwicklung der letzten Jahrzehnte haben sich Berufsbilder und Arbeitsbedingungen stark gewandelt. Wir wollen uns deshalb auf allgemeine Hinweise beschränken. Sehr wohl fühlen sich, wie schon erwähnt, viele Krebs-Geborene in Sozial- und Heilberufen vom Kindergarten über Sozialbehörden und Wohlfahrtsverbänden bis zur Klinik und Arztpraxis. Das Verlangen, gegen Unrecht anzukämpfen, kann Berufe in der Rechtspflege attraktiv erscheinen lassen. Das von vielen Krebs-Geborenen oft schon in jungen Jahren verspürte Fernweh kann in Berufe locken, die mit Reisen und vor allem mit Seefahrt zu tun haben, also Touristik, Handel, Seeverkehr oder Verkehrswesen allgemein. Für Kunst, Kunsthandwerk und Musik prädestinieren Sensibilität und Gefühlsbestimmtheit. Die bei zahlreichen Krebs-Geborenen ausgeprägte Hinwendung zur Vergangenheit kann auf verschiedenen Gebieten beruflich umgesetzt werden: Archäologie, Geschichte, Kunstgeschichte, Museologie, Genealogie, Heraldik, Restaurierung, Antiquitäten- und Kunsthandel.

Fast noch wichtiger als der Beruf selbst sind für den Krebs-Geborenen die Umstände, unter denen er diesen Beruf ausüben kann. Wie zum Beruf besteht auch zum Arbeitsplatz eine gefühlsmäßige Beziehung, die für den Willen und die Fähigkeit zur Leistung von großer Bedeutung ist. Nur in einer weitgehend spannungsfreien Atmosphäre und bei Auftrieb durch Erfolgserlebnisse, Anerkennung und auch finanziellen Lohn sind konstante Leistungen zu erwarten, die bei Selbstzweifeln und Verunsicherung durch Fehlschläge, ausbleibendes Lob oder Nervenbelastung durch Anfeindung jäh absinken können. Die in solchen Fällen drohende Flucht ins »Krebsgehäuse«, die jeden Betätigungswillen erlahmen läßt, kompliziert die Dinge. Natürlich ist es bei jedem Beruf unabdingbar, daß Sie ihn mit Ihren Kenntnissen und Fähigkeiten ausfüllen können, aber ebenso wichtig ist für Sie das richtige Arbeitsklima. Darauf haben Sie freilich nur bedingt Einfluß, und deshalb ist es für Sie um so wichtiger, sich um innere Stabilität zu bemühen, die Abhängigkeit von Stimmungen und äußerem Beifall zu vermindern und zu einer seelischen Ausgewogenheit zu kommen, die Sie die Belastungen und Anforderungen des Berufslebens ertragen läßt.

Meine Gesundheit

Wenn in früheren Jahrhunderten Leute von Rang und Namen erkrankt waren, wurde als erstes nicht der Arzt, sondern der Astrologe gerufen, der dem Heilkundigen die für Diagnose und Behandlung wichtigen Hinweise zu geben hatte. Häufig waren jedoch die Ärzte selbst Astrologen, so etwa Paracelsus, der bedeutendste Mediziner an der Wende des Mittelalters zur Neuzeit, der die Meinung vertrat, daß die Beachtung der Gestirnstände eine notwendige Voraussetzung für jede erfolgreiche Behandlung sei. Das war damals schon seit Jahrtausenden üblich, wie Zeugnisse aus der griechischen und römischen Antike beweisen.

Uralt sind auch die Zuordnungen bestimmter Körperteile, Organe und Erkrankungen zu Tierkreiszeichen und Gestirnen. Das bedeutet nichts anderes, als daß je nach den Konstellationen des Geburtshoroskops bestimmte Schwachpunkte und Gefährdungen gegeben sind. Es heißt jedoch nicht, daß entsprechende Erkrankungen und Schädigungen tatsächlich eintreten müssen: Eine durch kosmische Prägung gegebene, im Geburtshoroskop angezeigte Krankheits- und Schädigungsdisposition wird erst dann akut, wenn im weiteren Verlauf des Lebens bestimmte auslösende Gestirnstände die schlummernden Anlagen aktivieren. Daraus ist freilich nicht zu schließen, daß »die Sterne krank machen«; sie machen ebensowenig krank, wie eine Uhr Zeit »macht«. Uhren zeigen Zeit an, und genauso zeigen Gestirne drohende Gefährdungen an. Wenn ich rechtzeitig auf diese Warnungen achte, meine Schwachpunkte kenne und weiß, welche Gefahren mir drohen, kann ich Gegenmaßnahmen ergreifen, um sie abzuwenden. Ich kann ganz gezielt meine Lebensweise und Ernährung umstellen, auf Genußgifte verzichten, meinen Organismus durch Bewegung, Gymnastik, Wasseranwendungen nach Kneipp usw. kräftigen und so dafür sorgen, daß meine Krankheitsdispositionen nicht zu tatsächlichen Erkrankungen werden.

Auf den ersten Blick erscheinen die traditionellen medizinischen Bezugsetzungen der Astrologie fast primitiv. Dem Zeichen Krebs zugeordnet sind die Brust mit Brustwirbel, Speiseröhre und Zwerchfell, Magen und Bauchspeicheldrüse und als sekundäre Körperregionen Knochen, Knie und Haut. Wenn Sie gegen Ende der Dekade geboren sind, können durch den Einfluß des Nachbarzeichens Löwe noch Herz, Wirbelsäule und Kreislauf einbezogen sein. Es besteht eine Anfälligkeit für Magenleiden, Verdauungsstörungen, Gemütsleiden und Erkrankungen der Brustdrüsen, aber auch für Hautkrankheiten, Allergien, Herz- und Kreislaufbeschwerden. Der »Planetenherrscher« im Tierkreiszeichen Krebs ist der Mond. Ihm werden unter anderem das Kleinhirn, der Flüssigkeitshaushalt des Körpers, die weiblichen Organe und ebenfalls der Magen zugeordnet. Diese Zuschreibungen bedeuten eine Gefährdung durch Stauungen der Lymphgefäße (Wassersucht), Frauenleiden, Drüsenerkrankungen, Geschwüre und Gemütsleiden.

Die Astrologie hat diese Bezüge nicht willkürlich festgelegt, sondern in Jahrtausenden durch sorgfältige Beobachtung von irdischem und himmlischem Geschehen erarbeitet.

Gefährdung und Vorbeugung

Die bei Ihnen angezeigten Gefährdungen bedeuten keineswegs, daß es schicksalhaft und unausweichlich zu einer entsprechenden Schädigung kommen muß, sondern lediglich, daß Sie in dieser Hinsicht besonders vorsichtig sein müssen, damit eine bei Ihnen gegebene Möglichkeit nicht zur schadenbringenden Wirklichkeit wird. Das hat zunächst mit Astrologie wenig zu tun, sondern ist ganz einfach ein Gebot des gesunden Menschenverstandes. Wenn Sie beispielsweise einen schwachen Magen haben, sind Sie von sich aus darauf bedacht, ihn nicht zu überlasten, denn Sie kennen aus Erfahrung die schmerzlichen Folgen einer Unbedachtsamkeit. Ihre im Horoskop angezeigten Gefährdungen mögen Ihnen zwar weniger deutlich bewußt sein, sind aber doch ebenso ernstzunehmen. Der Wert der

Aufteilung der Tierkreiszeichen auf die verschiedenen Körperzonen

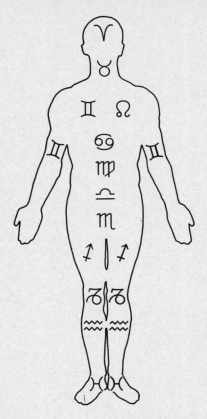

♈ Widder: Kopf
♉ Stier: Kehle, Hals
♊ Zwillinge: Lunge und Arme
♋ Krebs: Brust und Magen
♌ Löwe: Herz
♍ Jungfrau: Darm

♎ Waage: Nieren und Harnleiter
♏ Skorpion: Geschlechtsorgane
♐ Schütze: Oberschenkel
♑ Steinbock: Knie
♒ Wassermann: Waden
♓ Fische: Füße

Horoskopaussage liegt ja gerade darin, daß sie Ihnen Erkenntnisse über Ihre leib-seelischen Anlagen und Gegebenheiten vermittelt, also auch über Ihre physische und psychische Gesundheit und deren mögliche Beeinträchtigungen. Wenn Sie Ihre Schwachpunkte kennen, können Sie gezielt dagegen angehen und durch vorbeugende Maßnahmen dafür sorgen, daß Anfälligkeiten nicht zu Erkrankungen und Schädigungen führen. Wir müssen uns hier freilich auf allgemeine Hinweise beschränken, denn die sogenannte Astromedizin oder medizinische Astrologie ist eine hochkomplizierte Erfahrungswissenschaft, deren Diagnose- und Therapiemethoden nicht auf wenigen Seiten darstellbar sind.

Ihre durch Ihr Sonnenzeichen angezeigten Gefährdungen betreffen in erster Linie die Brust und den Magen mit Speiseröhre, Brustwirbel, Zwerchfell und Bauchspeicheldrüse und in zweiter Linie Knochen, Haut, Herz und Kreislauf und Wirbelsäule. Sie sind anfällig für psychosomatische Erkrankungen, Magenleiden, Verdauungsstörungen, Wassersucht, aber auch für Hautkrankheiten und Herz- und Kreislaufbeschwerden. Die Gefährdung im Magenbereich kann zu Geschwüren führen; der Krebs der dritten Dekade ist obendrein von Herzinfarkten bedroht.

Sie können einiges tun, um diesen Gefährdungen vorzubeugen. Von ganz besonderer Bedeutung für Ihre Gesundheit ist die Erlangung und das Aufrechterhalten eines körperlichen und seelischen Gleichgewichts. Enttäuschungen, Ärger, Depression »somatisieren« sich bei Ihnen sehr schnell, das heißt, negative Gefühle schlagen sich in körperlichen Krankheitssymptomen nieder, die zu chronischen Schädigungen führen können, wenn nicht ihre eigentliche Wurzel, die seelische Unausgeglichenheit bekämpft wird. Suchtgifte wie Alkohol und Nikotin sind Ihr Feind Nummer eins, weil sie Nerven, Herz und Magen schädigen.

Mangelnde Anerkennung Ihrer Leistungen und ein schlechtes Betriebsklima verstärken Ihre Gefährdungen, aber auch die

Neigung zur »Flucht in die Krankheit«, die mit erhöhter Unfallgefahr verbunden sein kann. Je besser es Ihnen deshalb gelingt, Ihren Alltag friedlich und entspannt zu gestalten, je ehrlicher und offener Sie mit Ihren Gefühlen umgehen lernen, desto besser wird Ihre physische Konstitution und Abwehrkraft sein. Oft ist eine Krankheit nichts anderes als der Ausdruck eines Seelenschmerzes, und es liegt an uns, diese »Sprache« verstehen zu lernen. Vor allen Dingen müssen Sie Ihre Neigung zum Selbstmitleid bekämpfen. Besonders im ersten Lebensdrittel dauert Ihr Genesungsprozeß länger als bei anderen; das wird sich jedoch in späteren Jahren ändern.

Um Ihren Gefährdungen zu begegnen, helfen gute Ratschläge bei Ihnen meist wenig: Sie müssen schon selbst genügend Disziplin aufbringen, um entsprechende Schritte einzuleiten. Am besten eignen sich für Sie wohldosierte sportliche und abhärtende Aktivitäten ohne großen Leistungsdruck, wenn möglich gemeinsam mit Gleichgesinnten, damit Sie den notwendigen Antrieb haben. Körperliche Betätigung stärkt Ihren Kreislauf, verringert die Gefährdung durch Übergewicht und Herzprobleme und entspannt Ihre überempfindlichen Magennerven. Vielleicht gelingt es Ihnen auch, sich Ausdauer, Konzentration und schnelle Reaktion anzuerziehen – Eigenschaften, die Ihnen selten in die Wiege gelegt worden sind. Haltungsschäden der Wirbelsäule, für die Krebs-Geborene der dritten Dekade besonders anfällig sind, lassen sich mit viel Bewegung an frischer Luft und gezielter Ausgleichsgymnastik weitgehend vermeiden.

Beobachten Sie so objektiv und ehrlich wie möglich Ihre selbstschädigenden Gewohnheiten, und versuchen Sie, nach und nach »Gegen-Routinen« zu entwickeln. Lassen Sie sich dabei durch Rückschläge nicht entmutigen, bleiben Sie eisern! Denken Sie aber stets an eines: Die Grundlage Ihres körperlichen Wohlbefindes ist ein ausgeglichenes, harmonisches Seelenleben. Wenn Sie sich darum bemühen, wird Ihnen manche Erkrankung erspart bleiben.

Die ideale Partnerschaft – Liebe und Ehe

Manche Menschen verstehen sich auf Anhieb prächtig und kommen ausgezeichnet miteinander aus, während andere nur schwer zueinander Kontakt finden oder sich gar in offenen Streitigkeiten oder schwelenden Konflikten aneinander zerreiben. Wesensverwandtschaften und Wesensgegensätze spielen in zwischenmenschlichen Beziehungen eine entscheidende Rolle, und da das Wesen des Menschen maßgeblich durch kosmische Prägung mitbestimmt wird, sind Partnerschaftsvergleiche auf astrologischer Grundlage ungemein beliebt.

Nun sind freilich solche Vergleiche im konkreten Fall nur dann wirklich aussagekräftig, wenn die individuellen, präzis erstellten und ausgedeuteten Horoskope beider Partner als Grundlage dienen. Immerhin lassen sich aus den Sonnenzeichen zweier Menschen »Verträglichkeitswerte« ableiten, ist doch das Tierkreiszeichen, in dem zum Zeitpunkt der Geburt die Sonne gestanden hat, der wichtigste Prägefaktor des Individualhoroskops. Zwar kann man aus einem Wesensbild, das lediglich aus dem Sonnenzeichen abgeleitet wurde, keine genauen Aussagen für den Einzelfall gewinnen, aber solche Vergleiche sind dennoch sinnvoll, weil sie helfen können, zwischenmenschliche Beziehungen erfreulicher und reibungsloser zu gestalten: Wenn man die Stärken und Schwächen seiner Mitmenschen kennt, vermag man sich besser darauf einzustellen und manche Reibereien und Krisen zu vermeiden. Dazu gehört freilich auch, daß man zunächst einmal über sich selbst möglichst genau Bescheid weiß, sich seine Schwächen eingesteht und sich keiner Selbsttäuschung hingibt. Deshalb stellen wir den Partnerschaftsvergleichen nach Sonnenzeichen Ausführungen über Ihr eigenes Verhalten in zwischenmenschlichen Beziehungen voran.

Aufgrund der Charakteristiken der Sonnenzeichen hat man eine Vergleichstabelle der zwölf Tierkreiszeichen erstellt, auf der die Verträglichkeit nach einem von 1 bis 6 reichenden

27

Punktesystem bewertet wird. Danach verträgt sich der Krebs am besten mit Skorpion und Fische (je 6 Punkte), dann mit Krebs und Steinbock (je 5 Punkte) und mit Stier und Jungfrau (je 4 Punkte). Nicht so gut klappt es mit Zwillinge und Waage (3 Punkte) sowie mit Löwe und Wassermann (2 Punkte), während Widder und Schütze am unteren Ende der Verträglichkeitsskala stehen (1 Punkt). Diese Bewertung gilt freilich nur für die grundlegenden Wesenszüge; im konkreten Einzelfall kann ein Krebs durchaus mit einem Widder auskommen, doch müssen in dieser Verbindung die Partner sich mehr als bei anderen Verbindungen bemühen, trotz der erheblichen Wesensunterschiede die Beziehung harmonisch zu gestalten, während in der Partnerschaft mit einem Skorpion diese Harmonie weitgehend von vornherein gegeben ist.

Ihr Partnerschaftsverhalten

Die Prägung durch das Sonnenzeichen hat Ihnen eine Vielzahl von positiven Anlagen gegeben, macht Sie allerdings auch zu einem für nicht wenige Menschen problematischen und anstrengenden Partner. Grund hierfür ist die Widersprüchlichkeit, die in Sie gelegt ist: Sie sind gleichzeitig aufnahmebereit und in sich gekehrt, können nach außen einen harten Panzer zeigen, sind jedoch seelisch leicht verwundbar. Ihre Stimmungen schwanken häufig ohne einen für Außenstehende erkennbaren Grund zwischen »himmelhoch jauchzend« und »zu Tode betrübt«. Einerseits sind Sie strebsam und zäh, können Ziele hartnäckig verfolgen, doch andererseits ist Ihre Grundeinstellung gegenüber dem Leben, aber auch Ihr Verhalten im Alltag, eher passiv als aktiv. Sie sind ungemein hilfsbereit und fürsorglich, können aber auch nachtragend und rachsüchtig sein, wenn Sie sich verletzt fühlen.

Diese Gegensätzlichkeiten, die oft unvermittelt zu Tage treten, machen es einem Partner nicht leicht, sich auf Sie einzustellen und sich so zu verhalten, daß ein harmonisches, dauerhaftes Miteinander gewährleistet ist. Häufig ist es für ihn schwierig, Ihre derzeitige Seelenlage zu erkennen, da Sie sich nach außen anders geben, als Ihnen zumute ist. So neigen Sie dazu, innere Unsicherheit und Schwäche durch selbstbewußtes, ja forsches Auftreten zu überspielen, geben sich hart, um Ihren weichen Kern abzuschotten. Sie können hektische Betriebsamkeit an den Tag legen, ohne dabei ein klares Ziel vor Augen zu haben, und sich fröhlich geben, um Enttäuschungen und seelische Wunden zu überdecken. Das kann sich freilich von einer Minute zur anderen ändern: Sie versinken, ohne daß Ihr Partner einen Anlaß erkennt, in tiefsten Pessimismus oder niedergedrückte Teilnahmslosigkeit. Diese in Ihrer Widersprüchlichkeit begründeten plötzlichen Stimmungsumschwünge sind es, die Mitmenschen, die sich nicht in Sie einzufühlen vermögen, ungemein irritieren.

Das heißt freilich keineswegs, daß es für jeden schwierig ist, mit Ihnen auszukommen – nur der richtige Partner muß es sein. Es sollte jemand sein, der wie Sie geborgene Häuslichkeit schätzt, einfühlsam ist, seelische »Streicheleinheiten« zu geben vermag und sich gern umsorgen läßt. Er muß bereit sein, seinen persönlichen Freiraum einschränken zu lassen, denn Sie sind sehr besitzergreifend und neigen deshalb zu Eifersucht. Er muß es verstehen, auf Sie einzugehen, Ihre Stimmungsschwankungen abzufangen und Ihnen die starke Schulter zu bieten, deren Sie bedürfen.

Einem solchen Partner werden Ihre zahlreichen positiven Anlagen zugute kommen: Sie sind anhänglich, fürsorglich, bemühen sich um einen schönen Rahmen für die Partnerschaft, können sich in andere einfühlen und strahlen eine warme Sinnlichkeit aus. Sie sind ausdauernd und strebsam und sorgen dafür, daß Erworbenes bewahrt und gemehrt wird. Bemühen Sie sich, Ihre Launenhaftigkeit zu zügeln, mehr innere Sicherheit zu gewinnen und sich Ihrem Partner stärker zu öffnen, damit Mißverständnisse und sich daraus ergebende Reibungen nach Möglichkeit vermieden werden.

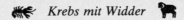

Krebs mit Widder

Der gefühlsbetone Krebs sucht Sicherheit und Beständigkeit, will Wurzeln schlagen und Besitz ergreifen. Somit bildet er den denkbar größten Gegensatz zum verstandesorientierten, dynamischen, freiheitsliebenden Widder. Für beide ist es nicht leicht, sich auf die so ganz andere Wesensart des Partners einzustellen. Vielleicht läßt sich der verhaltene, konservative Krebs zunächst vom optimistischen Schwung des Widders mitreißen, während die tiefe Gemütswelt des Krebses auf den Widder eine gewisse Faszination ausübt. Eine lose Verbindung kann durch eben diese Wesensgegensätze zusammengehalten werden. In einer engen Verbindung ergeben sich jedoch daraus zahlreiche Reibungen. Der auf die Harmonie der Gefühle bedachte Krebs braucht viele seelischen »Streicheleinheiten«, wofür der weniger innerliche Widder nur selten Verständnis hat. Der Krebs wiederum wird nur allzuoft durch die geradlinige Offenheit des Widders verletzt, fühlt sich angesichts seines nach außen gerichteten Tatendrangs zurückgesetzt und vernachlässigt und neigt dann dazu, sich schmollend in seine Schale zurückzuziehen. Dann jedoch haben beide es schwer, wieder zur harmonischen Gemeinsamkeit zurückzufinden. Sie sollten sich deshalb von vornherein der Andersartigkeit des Partners bewußt sein, müssen dafür Verständnis aufbringen und sich vor einer Bindung ernsthaft prüfen, ob sie sich seelisch und im Alltagsleben vollkommen darauf einstellen können.

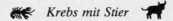

Krebs mit Stier

Da die Vertreter dieser beiden Tierkreiszeichen vorwiegend gefühlsorientiert sind, ist von vornherein eine wichtige Voraussetzung für ein harmonisches Miteinander gegeben: Beide empfinden tief, streben nach Sicherheit und Geborgenheit, sind recht häuslich, geben und brauchen Nestwärme. Allerdings flüchtet sich der leicht verletzliche Krebs nicht selten in eine Wunsch- und Traumwelt, während der Stier sehr viel stärker der Wirklichkeit verhaftet ist. Doch wie der Krebs vermag auch er sich in andere einzufühlen, und so ist er imstande, dem häufig unsicheren Partner den Rücken zu stärken und ihm zu helfen, mit seinen seelischen Krisen fertigzuwerden. Diese Hinwendung belohnt der Krebs mit Anhänglichkeit und unverbrüchlicher Loyalität. Daß der Stier-Geborene in einer solchen Verbindung meist die führende Rolle übernimmt, stört den Krebs nur dann, wenn er das Gefühl hat, vom Partner übermäßig gegängelt und bevormundet zu werden. Wenn man sein Selbstwertgefühl verletzt und ihn nörgelnd kritisiert, neigt er dazu, aus der als Käfig empfundenen Partnerschaft auszubrechen, auch wenn der häusliche Stier diesen Käfig noch so bequem gepolstert hat. Die zahlreichen Gemeinsamkeiten können manchmal dazu führen, daß eine Krebs-Stier-Beziehung allzu spannungslos wird; in diesem Fall sollten beide auf belebende Anstöße bedacht sein, beispielsweise durch gemeinsame Reisen oder kulturelle Interessen oder auch durch die Schaffung eines anregenden Bekannten- und Freundeskreises für eine kultivierte Geselligkeit.

❦ *Krebs mit Zwillinge* 👫

Den Krebs-Geborenen fasziniert oft die interessante geistige Regsamkeit des Zwillings, während dieser sich von der gemütvollen Warmherzigkeit des Krebses angesprochen fühlt. Deshalb kommen beide in einer losen Bindung meist sehr gut miteinander aus. In einer engen Partnerschaft kann es allerdings Probleme geben, denn dann treten viele Wesensgegensätze zutage, die im Alltagsleben Reibereien erzeugen. Der Krebs ist zwar intelligent, jedoch vorwiegend gefühlsbestimmt, liebt die Häuslichkeit und zieht sich rasch in seine Schale zurück, wenn man ihn seelisch verletzt; für das vielfältige

Kontaktbedürfnis des Zwillings hat er kein Verständnis. Der nüchterne, direkte, verstandesorientierte Zwilling tut sich schwer damit, dem Partner die seelischen »Streicheleinheiten« zukommen zu lassen, deren dieser bedarf. Da beide nicht auf der gleichen Wellenlänge liegen und die Welt mit ganz anderen Augen sehen, sind viele Mißverständnisse möglich, die zu Spannungen führen und die Partnerschaft belasten. Eine dauerhafte Beziehung setzt voraus, daß der Krebs dem Partner den für diesen notwendigen Freiraum läßt und der Zwilling auf die Verletzlichkeit des Krebses Rücksicht nimmt und imstande ist, dessen Stimmungsschwankungen aufzufangen. Manche Reibereien können vermieden werden, wenn gemeinsame berufliche oder geistige Interessen oder gemeinsame Unternehmungen (z. B. Reisen) das Miteinander zusätzlich festigen.

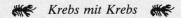

Krebs mit Krebs

Wenn zwei Krebse zueinanderfinden und sich binden, wird ihr gemeinsamer Traum von häuslicher Geborgenheit höchstwahrscheinlich Wirklichkeit werden. Da sie auf der gleichen Wellenlänge fühlen und denken, ist die Gefahr geringer, daß sie sich gegenseitig wundscheuern, als dies mit Partnern eines anderen Tierkreiszeichens der Fall ist. Kaum Probleme gibt es, solange beide ihre Fürsorglichkeit auf ein gemeinsames Ziel außerhalb der Zweierbeziehung lenken. Wenn sie jedoch anfangen, sich gegenseitig übermäßig zu bemuttern, besteht die Möglichkeit einer überstarken Fixierung mit der Gefahr, daß die unterschiedlichen Rhythmen der Gefühlslagen zu einer zeitweiligen Entfremdung führen, auf die beide ihrer Anlage gemäß mit Rückzug und Abkapselung reagieren. Krebse sind sehr leicht verletzlich und in ihrer starken Ichbezogenheit selten objektiv. Deshalb kann es bei einem unbedachten Wort oder einer falschen Geste rasch zu Spannungen kommen. Da keiner sonderlich kompromißbereit ist und die rasche Bereinigung von Problemen nicht Sache des Krebses ist, entwickelt sich daraus nicht selten ein »kalter Krieg«, der die Atmosphäre vergiften und schließlich zum Bruch führen kann. In solchen Situationen wäre es gut, wenn ein einfühlsamer, aber vernunftorientierter Dritter vermittelnd eingreifen könnte. Mit Rücksichtnahme und Bedacht wird jedoch eine Krebs-Krebs-Verbindung beglückend und dauerhaft sein.

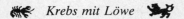 *Krebs mit Löwe*

Die Vertreter dieser beiden Sonnenzeichen sind wesensmäßig sehr verschieden, aber gerade deshalb können sie sich nicht nur im praktischen Leben, sondern auch geistig und seelisch in mancher Hinsicht ausgezeichnet ergänzen. Die Gemeinschaft mit dem selbstsicheren, ichbewußten Löwen verhilft dem eher schüchternen und labilen Krebs zu innerer Festigkeit, während der von Natur aus nicht sonderlich tiefgründige Löwe in der Verbindung häufig eine überraschende Sensibilität und Einfühlsamkeit entwickelt. Gemeinsam ist beiden die Liebe zu gepflegter Häuslichkeit. Im tagtäglichen Miteinander wird allerdings die Geduld des Löwen häufig durch die Unentschlossenheit und die schwankenden Stimmungen des Partners strapaziert, und wenn dieser sich in seine Schale zurückzieht, weiß der extravertierte Löwe wenig mit ihm anzufangen. Andererseits kann das Verlangen des Löwen, stets im Mittelpunkt zu stehen und bewundert zu werden, dem Krebs ungemein auf die Nerven gehen. Eine enge Bindung bringt also mancherlei Schwierigkeiten mit sich, weil dann die Wesensgegensätze viele Reibungsflächen bieten. Manches kann allerdings durch die häufig tiefe erotische Bindung überbrückt werden, die sich aus der Gefühlswärme des Krebses und der Leidenschaftlichkeit des Löwen ergibt. Freilich sind in jedem Fall Verständnisbereitschaft und ein Eingehen auf die Eigenheiten des anderen Voraussetzung für eine dauerhafte Partnerschaft.

Krebs mit Jungfrau

Dem empfindsamen, gefühlsbestimmten Krebs liegt die kritische, kühl wirkende, verstandesorientierte Jungfrau beim ersten Kontakt in der Regel nur wenig. Dennoch haben beide mehr gemeinsam, als man zunächst annehmen möchte: Beide sind vorsichtig und zurückhaltend, sparsam und auf Bewahren bedacht. Beiden liegt wenig an unverbindlichen Flirts, sie suchen Stabilität und Geborgenheit; wer ihnen dies bietet, kann ihrer unverbrüchlichen Treue und ihrer liebevollen Sorge sicher sein. Wenn also beide sich erst einmal näher kennengelernt haben, erkennen sie viele übereinstimmenden Wesenszüge und sehen, daß sie sich in manchem glücklich ergänzen. So sorgt in einer Partnerschaft die Jungfrau für die gründliche, wohldurchdachte Planung und die materielle Absicherung, während der Krebs mit seinem intuitiven Gespür Möglichkeiten erkennt, die dem scharfen Verstand der Jungfrau verborgen bleiben. In einer engen Zweierbeziehung schafft der Krebs die häusliche Geborgenheit, in der beide sich wohl fühlen. Reibereien sind freilich nicht ausgeschlossen, so etwa, wenn der Krebs an einen jener überkritischen, ewig herumnörgelnden Partner geraten ist, die es unter dem Zeichen Jungfrau gibt, oder wenn die Jungfrau sich einen allzu gefühlsseligen, mimosenhaft empfindlichen Krebs geangelt hat. In der Regel aber verstehen sich die Vertreter der beiden Tierkreiszeichen nach dem Gewöhnungsprozeß sehr gut.

Krebs mit Waage

Von der charmanten, umgänglichen Waage fühlt sich der gefühlstiefe, verhaltene Krebs stark angesprochen, und da beide auf erotischem Gebiet meist sehr gut harmonieren, kommt es häufig verhältnismäßig rasch zu einer Bindung. Ob diese allerdings von Dauer ist, hängt weitgehend davon ab, wie gut es ihnen gelingt, sich aufeinander einzustellen, denn in ihrem Wesen sind sie recht verschieden, und das kann zu vielerlei Reibungen und Schwierigkeiten im täglichen Miteinander führen. So kann die Kontaktfreudigkeit der Waage im besitzergreifenden Krebs nagende Eifersucht wecken, während die Gefühlsschwankungen des Krebses dem ausgeglichenen Waage-Partner stark auf die Nerven gehen. Beide bringen wenig Geduld auf und sind leicht beleidigt, und da keiner gern nachgeben will, kann es zu heftigen Auseinandersetzungen kommen. Wenn eine Partnerschaft harmonisch und von Dauer sein soll, muß sich der Krebs bemühen, seinen Ausschließlichkeitsanspruch aufzugeben und die nach außen gerichteten Interessen des Partners zu teilen, während dieser auf die Empfindsamkeit des Krebses Rücksicht nehmen und stärker auf die Pflege der Zweisamkeit bedacht sein muß. Der Krebs lebt gleichsam nach innen, die Waage hingegen nach außen; um einen gemeinsamen Nenner zu finden, müssen beide etliche Abstriche machen und aufeinander zugehen. Nur wenn sie dazu bereit und fähig sind, ist ein beglückendes und dauerhaftes Miteinander möglich.

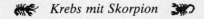

Krebs mit Skorpion

In der Verträglichkeitsskala steht der Skorpion beim Krebs ganz oben, denn beide stimmen einerseits in vielen Wesenszügen überein und ergänzen sich andererseits dort, wo eine gegensätzliche Prägung der Anlagen vorhanden ist. Bindungen zwischen Vertretern dieser beiden Tierkreiszeichen beruhen häufig auf einer starken erotischen Anziehung, die durch die Gefühlswärme des Krebses und die Leidenschaftlichkeit des Skorpions lebendig erhalten wird. Da beide stark introvertiert sind, vermögen sie sich gut auf die Zweisamkeit zu konzentrieren und sind auf Einflüsse und Anstöße von außen kaum angewiesen. Unterschiedliche Wesenszüge ergänzen sich vorzüglich: Der zielstrebige, auf Klarheit und Ordnung bedachte Skorpion gibt dem schwankenden, stark von Stimmungen abhängigen Krebs Sicherheit und stabilisiert sein labiles Innenleben; dem nach Hinwendung verlangenden Skorpion tut es gut, vom häuslichen Krebs umsorgt zu werden. Beide schätzen eine kultivierte Häuslichkeit, die sie gern gleichgesinnten Gästen vorfühen. Gestört werden kann die Harmonie allerdings durch die beidseits leicht keimende Eifersucht, die beim Skorpion noch schlimmer sein kann als beim Krebs: Wer sich an ihn bindet, muß bereit sein, sich ihm mit Haut und Haar zu verschreiben. In der Regel freilich gehören Krebs-Skorpion-Verbindungen zu den dauerhaftesten, die es gibt, denn zur starken erotischen Bindung kommen viele andere Gemeinsamkeiten im Denken und Fühlen, aber auch im praktischen Leben.

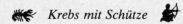

Krebs mit Schütze

Obwohl die Vertreter dieser beiden Tierkreiszeichen in vielem völlig gegensätzlich veranlagt sind und dementsprechend der Schütze in der Verträglichkeitstabelle beim Krebs ganz unten steht, gibt es doch erstaunlich viele Verbindungen zwischen Menschen der beiden Zeichen. Der feinfühlige Krebs spürt, daß der extravertierte Schütze durchaus tiefer, echter Gefühle fähig ist; dessen offene, unverklemmte Art spricht ihn stark an. Den tatenfreudigen Schützen wiederum reizt es, den verhaltenen Partner aus seiner Krebsschale herauszulocken, ihm neue Horizonte zu eröffnen und ihm etwas vom eigenen Schwung mitzuteilen. So vermag die Gegensätzlichkeit eine starke Anziehungskraft auszuüben. In einer engen Zweierbeziehung sind freilich mancherlei Spannungen und Auseinandersetzungen vorprogrammiert: Der Schütze braucht die Selbstbestätigung durch vielerlei Kontakte und Flirts, die die Eifersucht des Partners wecken, und es fällt ihm schwer, den auf einem Sicherheitsbedürfnis beruhenden Ausschließlichkeitsanspruch des Krebses zu akzeptieren. Beide Partner müssen sich um viel Verständnis füreinander bemühen und aufeinander zugehen, was durch gemeinsame Unternehmungen, beispielsweise durch die von beiden geschätzten Reisen, gefördert werden kann. Viel ist gewonnen, wenn der Krebsgeborene seine instinktive Kontaktscheu überwinden lernt und die Partner sich einen beiden genehmen Bekannten- und Freundeskreis aufbauen.

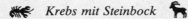 *Krebs mit Steinbock*

Oft fühlt sich der seelenvolle, labile, weiche Krebs von einem selbstsicheren, disziplinierten, nach außen hart wirkenden Steinbock fast magisch angezogen, glaubt er doch, bei ihm den Halt und die Stabilität zu finden, die ihm fehlen. Dem Steinbock seinerseits tut die menschliche Wärme gut, die der Krebs ihm entgegenbringt. In einer lockeren Bindung kann diese gegenseitige Faszination lange anhalten. Wenn beide jedoch erst einmal in einer engen Zweisamkeit verbunden sind, können die Wesensgegensätze hart aufeinanderprallen und die Partnerschaft stark belasten: Häufig sieht dann der Krebs im fleißigen, methodischen Steinbock nur noch den langweiligen Streber, und den Steinbock stören die Sentimentalität, Launenhaftigkeit und vermeintliche Untüchtigkeit und Unbeweglichkeit des Partners. Dennoch muß die Verbindung an den Differenzen nicht zerbrechen, denn wenn sich beide erst einmal gebunden haben, bleiben sie meist trotz aller Reibereien zusammen, weil der verantwortungsbewußte Steinbock die Treue hält und auch bei Problemen zum einmal gegebenen Wort steht, während der sich nach Zuwendung sehnende Krebs durch die überraschend tiefe Leidenschaftlichkeit des Partners gefesselt wird, die ihn für vieles entschädigt, das ihm gegen den Strich geht. Krebs-Steinbock-Verbindungen sind zwar nicht konfliktfrei, aber dennoch in der Regel beglückend und von Dauer.

🦞 Krebs mit Wassermann ♒

Freundschaften und unverbindliche Flirts sind zwischen den
Vertretern dieser beiden Tierkreiszeichen sehr viel häufiger als
feste, dauerhafte Zweierbindungen. Das hat seine guten
Gründe. Zwar übt die Andersartigkeit zunächst eine starke
Anziehungskraft aus, und auf intellektueller Ebene verstehen
sie sich vorzüglich. Sobald sie aber eine enge Partnerschaft
eingegangen sind, wirken sich die ausgeprägten Wesensgegensätze und die völlig verschiedenen Einstellungen zur Mitwelt
häufig negativ aus. Jetzt fühlt sich der freiheitsliebende Wassermann von dem besitzergreifenden Krebs eingeengt und gegängelt, während den Krebs die ewige Besserwisserei und die
utopischen Höhenflüge des Partners ebenso stören wie dessen
vielfältige Hinwendung zur Umwelt. Für die dem Krebs so
wichtige geborgene, gemütliche Häuslichkeit hat der Wassermann nur wenig übrig, denn er braucht zahlreiche Kontakte zur
Außenwelt, die ihm Anregungen vermitteln. Reibungsflächen
gibt es also mehr als genug. Eine Krebs-Wassermann-Partner-
schaft geht daher auf Dauer nur dann gut, wenn gemeinsame
Aufgaben und Ziele die Gegensätze überbrücken helfen und
den Nutzen deutlich machen, den die Gemeinschaft beiden
bringt. Unabdingbar ist, daß beide aufeinander zugehen, sich
um Verständnis für die Eigenart des Partners bemühen und zu
Konzessionen und zu Abstrichen von den eigenen Vorstellungen und Wünschen bereit und fähig sind.

🦞 Krebs mit Fische 🐟

Fische-Geborene stehen in der Verträglichkeitsskala beim
Krebs ganz oben, denn beide haben sehr viel gemeinsam: Sie
legen mehr Wert auf Geborgenheit und eine ruhige, zufriedene
Häuslichkeit als auf materiellen Gewinn, Geld und Ruhm.
Beide sind gefühlsbetont, seelenvoll und weich und haben eine

stark entwickelte Phantasie, die ihnen ein reiches Innenleben beschert. Diesen Gleichklang der Seelen spüren sie schon bei der ersten Begegnung. Dazu kommt, daß sie sich oft auch körperlich stark zueinander hingezogen fühlen. All das sind gute Voraussetzungen für eine harmonische Zweisamkeit auf lange Zeit, in der freilich etliche Gefahren lauern. So kann sowohl die Launenhaftigkeit des Krebses als auch dessen Hang zu übertriebenem Pessimismus die Verbindung belasten; eine weitere Belastung ist die bei beiden Partnern vorhandene Neigung, sich immer wieder in eine Wunsch- und Traumwelt zu flüchten und dabei den anderen zu vernachlässigen. Immerhin sind auch diese Tendenzen bei beiden gleichgerichtet, so daß sie viel Verständnis füreinander aufbringen können; einfühlsam und rücksichtsvoll sind sie beide. Größere Krisen sind in einer Krebs-Fische-Partnerschaft verhältnismäßig selten. In praktischen Dingen empfiehlt sich eine Rollenverteilung: Der in Gelddingen vernünftigere Krebs-Partner sollte die Haushaltskasse verwalten und darauf achten, daß sein Fisch bei Schwierigkeiten nicht zur Flasche greift, während der Fische-Partner mit seinem feinen Gespür die Stimmungsschwankungen des Krebses abfangen und ausgleichen sollte.

Die Astrologen. Titelbild von 1596

Der Einfluß des Aszendenten

Der Aszendent, d. h. das Tierkreiszeichen, das im Augenblick der Geburt am östlichen Horizont steht, ist wegen seiner starken Prägekraft ungemein wichtig; zusammen mit dem Sonnenzeichen liefert er die bedeutsamsten Aussagen, die sich aus einem Geburtshoroskop ableiten lassen. Ohne Berücksichtigung des Aszendenten sind individuelle Deutungen nur unvollkommen.

Um Ihren persönlichen Aszendenten ermitteln zu können, müssen Sie natürlich wissen, zu welcher Zeit Sie geboren sind, weil im Laufe eines Tages alle zwölf Tierkreiszeichen am Osthorizont aufgehen. Auf den Seiten 88 und 89 können Sie nachlesen, wie Sie Ihre Geburtszeit in Ortszeit umrechnen. Dann brauchen Sie nur noch auf der Grafik auf Seite 92 bei der ermittelten Zeit Ihren Aszendenten abzulesen.

Der Aszendent ist die Grundlage von Aussagen, die individueller sind als die nur aus dem Sonnenstand abgeleiteten, denn während das Sonnenzeichen Krebs allen Menschen gemeinsam ist, die zwischen Ende Juni und Ende Juli geboren sind, wird der Aszendent durch den Zeitpunkt und den Ort der Geburt jedes einzelnen bestimmt. Seine volle Bedeutung gewinnt er freilich erst bei gradgenauer Festlegung als Richtpunkt jenes Häusersystems, das als »Feinraster« für alle Gestirnstände und Konstellationen des Geburtshoroskops ganz persönliche Deutungsmöglichkeiten bietet. Die hierfür erforderlichen Berechnungen und die daraus abzuleitenden Aussagen müssen wir allerdings dem Fachastrologen überlassen.

Der Aszendent beeinflußt die Prägung durch das Sonnenzeichen mehr oder weniger stark, kann bestimmte Tendenzen verstärken oder abschwächen. Inwieweit dies bei Ihnen der Fall ist, können Sie in diesem Kapitel nachlesen.

Aszendent Widder

Vorsichtige Verhaltenheit bestimmt Ihr Empfinden, Denken und Handeln, das weit mehr vom Gefühl als vom Verstand gesteuert wird. Trotz einer starken Ichbezogenheit lassen Sie die Interessen der Mitmenschen nicht außer Bedacht, denn das Gerechtigkeitsgefühl ist bei Ihnen sehr ausgeprägt. Sie sind eher reaktiv als aktiv, doch fehlt es Ihnen nicht an Dynamik und geistiger Aufgeschlossenheit, und so wenden Sie sich trotz einer Tendenz zur zeitweisen Abkapselung immer wieder der Umwelt zu, nehmen Anteil und sind mit Ihrem intuitiven Gespür der Einfühlung in andere fähig. Ihre nervliche Belastbarkeit ist begrenzt, so daß Sie in Streßsituationen leicht die Fassung verlieren. Da Sie von mancherlei Einflüssen abhängig sind, fällt es Ihnen schwer, Ihre Stimmungslagen unter Kontrolle zu behalten; sie sind starken Schwankungen unterworfen, die von wirklichkeitsfremdem, auf Wunschdenken beruhendem Optimismus bis zu finster brütendem Pessimismus

41

pendeln können, ohne daß dafür konkrete äußere Anlässe vorliegen müssen. Die Begrenztheit Ihres Energiepotentials gleichen Sie durch Ausdauer aus, doch auch in Ihrer Leistungsbereitschaft sind Sie nicht sonderlich stabil. Auf Unabhängigkeit legen Sie großen Wert, Gängelung und Bevormundung lehnen Sie entschieden ab. Ihnen nahestehenden Menschen wenden Sie sich mit großer Fürsorge und intensivem Gefühl zu, doch ansonsten halten Sie mit Gefühlsäußerungen eher zurück, auch wenn Sie im zwischenmenschlichen Umgang in der Regel freundlich und verbindlich sind, sich stets hilfsbereit zeigen und in Freundschaften sehr treu und anhänglich, opferwillig und gefühlsstark, wenngleich nicht unbedingt verläßlich und problemlos sind.

Aszendent Stier

Durch den Einfluß dieses Aszendenten verstärken sich Introvertiertheit und Ichbezogenheit, doch andererseits gewinnen Sie an Stabilität und Ausgewogenheit. Zwar bleiben Sie weiterhin von Gefühlen und Stimmungen abhängig, aber diese sind konstanter, und zudem wird Ihr Handeln durch eine stärkere Zielstrebigkeit bestimmt, die es Ihnen vor allem in materieller Hinsicht erleichtert, die erstrebte Absicherung und Geborgenheit zu erreichen. Ein angenehmes Zuhause steht im Mittelpunkt Ihres Interesses, an gepflegter Gastlichkeit haben Sie Ihre Freude. Für die schönen Seiten des Lebens sind Sie sehr aufgeschlossen, aber dazu gehören für Sie außer kulinarischen Freuden und anderen leiblichen Annehmlichkeiten auch Bereiche, die Ihnen seelischen Auftrieb geben, so Kunst und Musik. Sehr tatenfreudig sind Sie nicht; nur selten ergreifen Sie von sich aus Initiativen, denn vorsichtiges Abwarten gehört zu den Verhaltensweisen, mit denen Sie Ihren Mangel an Wendigkeit ausgleichen und sich vor Überrumpelungen schützen, auf die angemessen zu reagieren Ihnen meist schwerfällt. Was anderen ihr scharfer Verstand ist, ist Ihnen Ihr intuitives Gespür, mit dem Sie Sachverhalte oft präziser und auch schneller erfassen, als analytisches Denken dies vermag. Zähe Ausdauer ermöglicht Ihnen einen nachhaltigen Einsatz Ihres Energiepotentials, das größer ist als beim »reinen« Krebs. Nach außen geben Sie sich verhalten, aber freundlich und anteilnehmend. In engen Bindungen sind Sie allerdings oft übermäßig besitzergreifend und ungemein eifersüchtig, was nicht jeder Partner verträgt. Dafür sind Sie aber sehr fürsorglich, opferbereit, treu und auf einen schönen, gepflegten materiellen Rahmen bedacht. Sie sind zwar recht eigenwillig, aber keineswegs sehr selbstsicher, Fehlschläge und Enttäuschungen kratzen Ihr Selbstwertgefühl ziemlich stark an. Auseinandersetzungen weichen Sie nicht aus, doch liegt Ihnen diplomatisches Taktieren mehr als ein bloßes Kräftemessen. Freilich sollte Ihr Gegenspieler dies nicht mißdeuten, denn Ihre Kompromißbereitschaft ist begrenzt, und notfalls sind Sie durchaus bereit und fähig, Ihre Interessen entschlossen zu verteidigen.

Aszendent Zwillinge

Der Einfluß dieses Aszendenten auf Ihre Grundprägung ist zweischneidig. Auf der einen Seite gibt er Ihnen mehr Aufgeschlossenheit, Dynamik und geistige Wendigkeit, was durchaus positiv ist, doch auf der anderen Seite verstärkt er Ihre Labilität und Beeinflußbarkeit, so daß bei Ihnen Nervosität und Reizbarkeit gesteigert werden und Ihre Gefühle und Stimmungen noch stärkeren Schwankungen unterworfen sind. Fehlschläge und Anfeindungen machen Ihnen sehr zu schaffen und verunsichern Sie stark; Sie neigen zu Selbstzweifeln und verkriechen sich dann schnell in Ihr »Krebsgehäuse«, um sich mit phantasievollen Wunschträumen zu trösten. Konkret bringt Ihnen das natürlich nicht das mindeste ein, und ob Sie dadurch Ihr Selbstwertgefühl stärken können, ist mehr als fraglich. Ein nagendes Gefühl innerer Unzufriedenheit kann Ihren Berufsweg erschweren; Sie haben wenig Geduld, und wenn Hindernisse und Schwierigkeiten auftauchen, geben Sie vorschnell auf. Häufige berufliche Wechsel sind wahrscheinlich, wodurch sich Ihre innere Verunsicherung noch mehr aufschaukeln kann. Konzentriertes Arbeiten liegt Ihnen wenig: wenn eine Tätigkeit Sie nicht »anspricht« (und das vollzieht sich praktisch immer auf der Gefühlsebene), entwickeln Sie wenig Ausdauer und Gewissenhaftigkeit. Zwischenmenschliche Beziehungen können durch Ihre Launenhaftigkeit und Ihre Neigung zur Abkapselung problematisch sein, obwohl Sie grundsätzlich freundlich, teilnahmsvoll, einfühlsam und gefühlsstark sind. Wenn Sie sich an einen Partner gebunden haben, sind Sie sehr fürsorglich und treu, aber auch besitzergreifend und eifersüchtig.

Aszendent Krebs

Wenn Sonne und Aszendent sich zum Zeitpunkt der Geburt im gleichen Tierkreiszeichen befinden, wird dessen Prägekraft im Positiven wie im Negativen verstärkt. Sie sind ungemein gefühlsstark, doch davon spürt die Außenwelt fast nichts, denn Sie schotten Ihr Inneres weitgehend ab, geben sich sehr verhalten und wirken deshalb nicht selten kalt, unsicher und schüchtern. Unsicher können Sie in der Tat sein, denn Ihre starke Gefühlsabhängigkeit bewirkt eine ausgeprägte seelische Labilität, weil Ihre Gefühle durch wechselnde äußere Einflüsse ebenso gesteuert werden wie durch Ihre Hoffnungen und Ängste. Ihre beste »Antenne« nach außen ist Ihr intuitives Gespür, das durch eine dünnhäutige Sensibilität geschärft wird. Damit können Sie vieles aufspüren, was dem analytischen Verstand verborgen bleibt, können untergründige Strömungen erahnen, sich aber auch in andere Menschen einfühlen. Ihre Gefühlsabhängigkeit macht Sie sehr verletzlich; Anfeindungen, Enttäuschungen und Fehlschläge verkraften Sie nur schwer. In solchen Fällen ziehen Sie sich in Ihr »Krebsgehäuse« zurück, wo Ihnen Ihre reiche Phantasie eine schönere und glücklichere Welt ausmalt. Sie müssen einsehen lernen, daß Sie damit im realen Leben nicht das mindeste erreichen, müssen lernen, sich der Wirklichkeit zu stellen. Voraussetzung dafür ist, daß Sie sich um mehr innere Ausgewogenheit bemühen, so daß Sie standfester und belastbarer werden. Bemühen Sie sich gleichzeitig um eine stärkere Öffnung zur Außenwelt, damit Menschen, die es gut mit Ihnen meinen, Verständnis für Ihre Problematik gewinnen und Ihnen zu mehr Selbstsicherheit verhelfen können.

Aszendent Löwe

Der Einfluß dieses Aszendenten wirkt sich insgesamt auf Sie sehr günstig aus, weil er positive Eigenschaften verstärkt und negative abschwächt. Dadurch werden Sie wirklichkeitsbezogener, energischer, zielstrebiger, wendiger und offener, was Ihnen sowohl menschlich als auch beruflich sehr zugute kommt. Gesteigerter Ehrgeiz kurbelt Ihre Willenskräfte an, die Abhängigkeit von Gefühls- und Stimmungsschwankungen wird gedämpft, und stabilisiert wird dadurch gleichzeitig Ihr gesamtes Seelenleben. Zwar werden Sie keineswegs zum abenteuerlustigen, bedenkenlosen Draufgänger, denn dem steht Ihre Grundprägung entgegen, aber merklich gestärkt sind Ihr Selbstbewußtsein und Ihr Selbstwertgefühl. Sie lassen sich weniger leicht verunsichern oder gar aus der Bahn werfen, reagieren entschiedener und zielsicherer. Bei aller Tiefe Ihrer Gefühle und dem Reichtum Ihrer Phantasie sind Sie kein in Illusionen schwelgender lethargischer Träumer, sondern wissen recht genau, was Sie wollen, und Sie ermangeln weder der Kraft noch der Ausdauer, um gesetzte Ziele zu erreichen. Allerdings fehlt es Ihnen zum durchschlagenden materiellen Erfolg oft an Geschäftstüchtigkeit, doch müßte es Ihnen eigentlich mit der bei Ihnen gegebenen Kombination positiver Eigenschaften gelingen, im Laufe der Zeit die erstrebte finanzielle Absicherung zu erlangen. Nach außen geben Sie sich freundlich und verbindlich und überraschen nicht selten durch herzliche Anteilnahme; in engen Bindungen erheben Sie allerdings Ausschließlichkeitsansprüche, die den Freiraum des Partners stark einengen.

Aszendent Jungfrau

Der Einfluß dieses Aszendenten verstärkt auf der einen Seite Ihre Ichbezogenheit und Ihre Abkapselungstendenzen, macht Sie also noch verhaltener und vorsichtiger, doch auf der anderen Seite mindert er Ihre Abhängigkeit von Gefühlen und Stimmungen, weil der kritische Verstand stärker in den Vordergrund tritt und einen Großteil des Verhaltens kontrolliert. Da dieser Verstand mit einem intuitiven Gespür gepaart ist, bietet sich Ihnen ein breites Spektrum von Möglichkeiten, die Außenwelt zu erfassen und sich mit ihr auseinanderzusetzen. Vielleicht mangelnde Breite des Erlebens wird so durch gesteigerte Tiefe ausgeglichen. Schwieriger ist es für Sie, diese Vielfalt Ihrer Lebenswelt nach außen hin umzusetzen, denn Sie halten sich mit einem angeborenen Mißtrauen stark zurück, gehen selten von sich aus auf die Außenwelt zu, haben mit einer gewissen Kontaktscheu zu kämpfen und vermeiden es fast krampfhaft, die Tiefen Ihrer Seele anderen Menschen zu offenbaren. Dennoch sind Sie keineswegs ein eigenbrötlerischer Einzelgänger, denn Ihr wacher Verstand hilft Ihnen, diese innere Sperre zu überwinden, und so sind Sie im zwischenmenschlichen Umgang freundlich, rücksichtsvoll, hilfsbereit und verbindlich. Die Abschwächung der Gefühlsabhängigkeit kommt Ihnen im praktischen Leben und besonders im Beruf sehr zugute. Sie sind ausgeglichener, wirklichkeitsbezogener und zielstrebiger, und mit Ihrer Kombination von Intuition und praktischem Denken sind Sie für rasche und treffsichere Problemlösungen geradezu prädestiniert. Auf Stabilität und Sicherheit bedacht, werden Sie sich ein tragfähiges Lebensfundament schaffen können.

Aszendent Waage

Obwohl stark gefühlsbestimmt und ichbezogen, schließen Sie sich doch keineswegs von der Außenwelt ab, denn Sie sind weniger passiv als der »reine« Krebs-Typ und haben kaum Kontaktscheu. Zwar lassen Sie andere nicht in die Tiefen Ihrer

Seele blicken, aber Ihr wacher, aufnahmebereiter Verstand braucht Kontakte, die ihm neue Anregungen vermitteln, und möchte andererseits die Ideenfülle, die ihm Ihre reiche Phantasie liefert, nach außen tragen. Deshalb sind Sie in der Regel sehr umgänglich, gewinnen die Mitmenschen mit freundlichem Charme und interessanten Gesprächen und sind mit Ihrer warmherzigen Hilfsbereitschaft recht beliebt. Nach solchen Verbindungen streben Sie freilich auch, weil Sie stark von der Anerkennung durch die Umwelt und vom Beifall der Mitmenschen abhängig sind, denn Ihr Selbstwertgefühl steht auf schwachen Beinen und braucht immer wieder Ermunterungen von außen. Stark ausgeprägt ist Ihr Gerechtigkeitssinn, der Sie auf Harmonie und Ausgleich bedacht sein läßt. Spannungen versuchen Sie abzubauen, Auseinandersetzungen weichen Sie aus. Wenn Konfrontationen sich nicht vermeiden lassen, kämpfen Sie nicht mit harten Bandagen, sondern versuchen, durch diplomatisches Taktieren zu einem Ausgleich zu kommen, der beiden Seiten gerecht wird. Zwei Eigenschaften allerdings sind bei Ihnen Mangelware: Ausdauer und Geduld. Ursache ist Ihr verhältnismäßig niedriges Energiepotential, das sich rasch erschöpft. Nicht allzu robust ist auch Ihr Nervenkostüm, das unter Streß bald zusammenbricht. Das alles zusammen und Ihre Gefühlsabhängigkeit machen Sie seelisch ziemlich labil.

Aszendent Skorpion

Ausgesprochen kontaktwillig sind Sie nicht. Sorgfältig schotten Sie die Tiefen Ihrer Seele gegen fremde Neugier ab, zeigen nur selten Gefühle und sind auch sonst nicht sehr mitteilsam. Mißtrauische Vorsicht und absichernde Verhaltenheit kennzeichnen die Art und Weise, mit der Sie der Umwelt gegenübertreten. Sie sind ungemein introvertiert und stark ichbezogen. Die Instabilität Ihrer reichen Gefühlswelt, die auch Ihr Denken und Handeln bestimmt, kann sich in Launenhaftigkeit und plötzlichen Stimmungsumschwüngen äußern. All das bedeutet jedoch keineswegs, daß Sie sich im praktischen Leben nicht behaupten können, denn Sie verfügen über ein beträchtliches Energiepotential, sind willensstark und können eine zähe Ausdauer aufbieten. Dennoch versuchen Sie selten, Ihre Interessen mit harten Ellenbogen rücksichtslos durchzuboxen, denn Sie sind bei aller Eigenwilligkeit durchaus kompromißfähig. Bei Schwierigkeiten geben Sie nicht vorschnell auf, vermeiden aber Konfrontationen ebenso wie einen aufreibenden Kleinkrieg. Stark beeinflussen lassen Sie sich durch Lob und Anerkennung; für Schmeicheleien sind Sie nicht unempfänglich, weil dies Ihrem nicht sonderlich starken Selbstwertgefühl guttut. In Sie gesetztes Vertrauen enttäuschen Sie nicht, Sie sind zuverlässig und verschwiegen. In einer engen Partnerschaft sind Sie zwar ungemein besitzergreifend und eifersüchtig, aber nicht minder fürsorglich und absolut treu. Einen Treuebruch verkraften Sie nur schwer; da Sie sehr nachtragend sind, können Ihre Rachegefühle, die sich manchmal in gezielten »Strafaktionen« äußern, den Verräter noch lange nach Ende der Beziehung verfolgen.

Aszendent Schütze

Durch den Einfluß dieses Aszendenten wird Ihr ganzes Wesen aufgelockert, die starke Abhängigkeit von Gefühlen und Stimmungen gemildert, da nun auch ein wacher Verstand Ihr Tun und Lassen mitbestimmt. Sie sind nicht nur offen für Eindrücke und Einflüsse aus der Umwelt, sondern treten auch Ihrerseits den Mitmenschen offener gegenüber, gehen mehr aus sich heraus, ohne freilich die Tiefen Ihrer Seele neugierigen Blicken preiszugeben. Zwar ist Ihr Energiepotential nur mäßig hoch, und sonderlich geduldig und ausdauernd sind Sie nicht, aber Sie scheuen sich nicht, von sich aus Initiativen zu ergreifen und Dinge in Bewegung zu bringen. Vorsichtige Überlegung und intuitiv »voraustastende« Planung bleiben jedoch stets Grundlagen Ihres Handelns, unkalkulierbare Risiken gehen Sie kaum je ein. Sie können allerdings recht launenhaft und unberechenbar sein, denn der Schütze-Einfluß stabilisiert nicht, sondern verstärkt die Labilität, die Ihnen Ihre Grundprägung gegeben hat. Das bedeutet eine gewisse Unzuverlässigkeit, die zwischenmenschliche Beziehungen belasten und sich im Berufsleben ungünstig auswirken kann. Immerhin verdanken Sie dem Aszendenten ein gesteigertes Selbstvertrauen, so daß Sie nur selten vorschnell klein beigeben und berechtigte Ansprüche entschieden verteidigen. Im Umgang mit den Mitmenschen geben Sie sich meist höflich bis herzlich, wenn auch ein wenig distanziert, aber in der Regel sind Sie geselliger als der »reine« Krebs-Typ. Immer jedoch sind Sie hilfbereit und mitfühlend und setzen sich für Schwache und Benachteiligte entschieden ein. Ganz selbstlos tun Sie das allerdings nicht, denn Sie sind zur Stärkung Ihres Selbstwertgefühls auf Beifall und Anerkennung der Mitmenschen angewiesen.

Aszendent Steinbock

Sie sind ausgesprochen introvertiert, tragen das Herz nicht auf der Zunge, lassen sich nicht in die Karten schauen und schotten Ihre tiefe Gefühlswelt sorgfältig vor der Umwelt ab. Sie sind zwar meist ein kluger Kopf, aber in Ihrem Denken und Handeln sind Sie sehr stark gefühlsgeleitet. Dieser Gefühlsstärke verdanken Sie zwar eine ausgeprägte Sensibilität, die Ihnen intuitive Einsichten vermittelt, aber da Sie Ihre Gefühle nur schwer unter Kontrolle halten können, sind Sie Stimmungsschwankungen unterworfen, die zusammen mit Ihrer Verhaltenheit Sie sehr unberechenbar machen. Mitmenschen wissen häufig nicht, woran sie mit Ihnen sind, doch das macht Ihnen wenig aus, denn Sie gefallen sich in der Aura des Geheimnisvollen. Trotz Ihrer Labilität können Sie im Arbeitsleben recht erfolgreich sein, denn Sie verfügen über Energie, Ausdauer und einen starken Willen. Allerdings fehlt es Ihnen an Anpassungsfähigkeit und Wendigkeit; sonderlich kompromißfähig sind Sie selten. Auf Absicherung und Bewahren bedacht, gelingt Ihnen meist verhältnismäßig bald die Schaffung einer tragfähigen materiellen Lebensbasis. Der Wunsch nach Sicherung von Besitzständen macht Sie andererseits in zwischenmenschlichen Beziehungen problematisch, da Sie Ihnen nahestehende Menschen ebenfalls als Besitz sehen, den Sie eifersüchtig hüten und dadurch in seinen Freiräumen stark einengen. Für diesen Freiheitsentzug belohnen Sie ihn allerdings mit treuer Sorge und intensiver Zuwendung und offenbaren ihm Ihre warme, tiefe Gefühlswelt, die zu großer Leidenschaftlichkeit auflodern kann, wenn sie vom richtigen Partner entfacht wird.

Aszendent Wassermann

Einerseits kann der Einfluß dieses Aszendenten Ihren Phantasiereichtum und Ihre Realitätsfluchttendenzen steigern, doch andererseits mildert er Ihre Abhängigkeit von schwankenden Gefühlen und Launen, weil ein wacher Verstand Ihr Handeln mitbestimmt. Vertieft wird Ihr Einfühlungsvermögen, geschärft Ihre Intuition. Sie sind ein Mensch mit außergewöhnlich viel »Fingerspitzengefühl«, der manches erspürt, das dem analytischen Verstand verschlossen bleibt. Nach außen hin sind Sie freundlich und verbindlich, wirken aber häufig unterkühlt und mißtrauisch verhalten. Zwar sind Sie stark ichbezogen, aber keineswegs ein eigenbrötlerischer Egoist, denn Sie nehmen Anteil an dem, was um Sie herum vor sich geht, haben sogar eine ausgesprochen »soziale Ader«, interessieren sich für karitative Hilfeleistungen und treten entschieden für Gerechtigkeit gegen alle ein. Im praktischen Leben machen Ihnen manchmal Ihre begrenzten Energiereserven und Ihr Mangel an zäher Ausdauer zu schaffen. Andererseits sind Sie risikobereiter als der »reine« Krebs-Typ. Das ist nicht unbedenklich, weil Sie sich bei manchen Unternehmungen von einem utopischen Wunschdenken leiten lassen. In der Regel sind Sie recht willensstark, verharren jedoch nicht stur auf einmal eingenommenen Standpunkten, sondern sind zu vernünftigen Kompromissen bereit, die die Interessen beider Seiten wahren. In einer

Partnerschaft sind Sie sehr auf Harmonie und Dauer der Bindung bedacht. Zwar fällt es Ihnen häufig schwer, eine solide materielle Basis zu sichern, aber an fürsorglicher Zuwendung, warmer Herzlichkeit und schöner Häuslichkeit lassen Sie es dem Partner nicht fehlen.

Aszendent Fische

Sie sind sehr nach innen gewandt und entsprechend ichbezogen. Gefühle spielen in Ihrem Leben eine dominierende Rolle, sie bestimmen weitgehend Ihr Denken und Handeln. Da Sie Ihre überreiche Gefühlswelt nur schwer unter Kontrolle halten können, sind Stimmungsschwankungen bei Ihnen häufig, die Sie launenhaft, unberechenbar und unzuverlässig erscheinen lassen. Sie leiden selbst darunter, weil die Labilität Ihr Selbstwertgefühl schwächt und Sie sehr dünnhäutig macht. Ihre Nerven sind wenig belastbar; wenn sie übermäßig strapaziert werden, kann ein völliger Zusammenbruch die Folge sein. Dennoch sind Sie kein haltloser, völlig seinen Gefühlen ausgelieferter Mensch, denn meist sind Sie ein ausgesprochen kluger Kopf mit gesundem Menschenverstand, der mangelnde Energien durch wohlbedachtes Taktieren und fehlendes Durchsetzungsvermögen durch eine die eigenen Interessen wahrende Kompromißfähigkeit ersetzt. Der Außenwelt treten Sie mit vorsichtiger Zurückhaltung gegenüber, sind höflich und freundlich, aber nur selten herzlich. Oft wirken Sie weich und verträumt und wenig wirklichkeitsbezogen, doch sind Sie wacher, als man glaubt, können sich unaufdringlich in andere einfühlen und mit intuitivem Gespür unterschwellige Strömungen wahrnehmen, die anderen verborgen bleiben. Ihre große Hilfsbereitschaft wird nicht selten ausgenützt; Enttäuschungen, die Sie tief treffen, bleiben Ihnen nicht erspart. In einer Partnerschaft sind Sie sehr anlehnungsbedürftig und brauchen viel Verständnis und Rücksichtnahme. Gut wäre für Sie ein Weggefährte, der Ihnen mehr Selbstvertrauen, Stabilität und aufmunternde Zuversicht gibt.

Mein chinesisches Horoskop

Die jahrtausendealte chinesische Astrologie arbeitet mit einem eigenständigen System, das eine direkte Bezugsetzung zur uns vertrauten Astrologie unmöglich macht. Nach chinesischer Auffassung bestimmen fünf Faktoren Wesenszüge, Fähigkeiten und Schicksal des Menschen: der Jahrestyp, die Jahreszeit, die Doppelwoche, der Tag und schließlich die Stunde der Geburt. Seit dem 6. vorchristlichen Jahrhundert wird jedes Jahr einem von zwölf Tiersymbolen zugeordnet, so daß es zwölf verschiedene Jahrestypen gibt. Vom Jahrestyp hängen Wesens- und Gemütsart eines Menschen ab. Ohne Entsprechung im Abendland ist das auf die Gefühlswelt bezogene System der Jahreszeiten, von denen es fünf je einem Element (Holz, Feuer, Erde, Metall und Wasser) zugeordnete Typen gibt. Auf Verhalten und Stellung innerhalb der Gemeinschaft bezieht sich das System der 24 Doppelwochen. Die Gefühlswelt wird außer durch die Jahreszeit auch durch den Geburtstag bestimmt, der nach dem 28 Tage umfassenden Mondkalender berechnet wird. Die in den chinesischen Stundenkreis der Tiere eingeordnete Geburtsstunde schließlich prägt das leib-seelische Erscheinungsbild des Menschen.

Obwohl der chinesische »Tierkreis« eine Zwölfteilung aufweist, die an die uns vertrauten zwölf Tierkreiszeichen erinnert, gibt es doch keine vollständige Übereinstimmung, sondern lediglich Entsprechungen. Anhand der Jahrestabelle können Sie Ihren Jahrestyp feststellen und die entsprechende Charakteristik in unserer Übersicht nachlesen. Über die kosmische Prägung durch Jahreszeit und Doppelwoche Ihrer Geburt informieren wir Sie im Anschluß.

Ihr Jahrestyp

Stellen Sie zunächst auf Seite 53 Ihren Jahrestyp fest, der in der darauffolgenden Übersicht kurz skizziert ist.

31. 1. 1900–18. 2. 1901	Ratte		17. 2. 1950– 5. 2. 1951	Tiger
19. 2. 1901– 8. 2. 1902	Ochse		6. 2. 1951–26. 1. 1952	Hase
9. 2. 1902–28. 1. 1903	Tiger		27. 1. 1952–13. 2. 1953	Drache
29. 1. 1903–15. 2. 1904	Hase		14. 2. 1953– 3. 2. 1954	Schlange
16. 2. 1904– 3. 2. 1905	Drache		4. 2. 1954–23. 1. 1955	Pferd
4. 2. 1905–24. 1. 1906	Schlange		24. 1. 1955–11. 2. 1956	Ziege
25. 1. 1906–12. 2. 1907	Pferd		12. 2. 1956–30. 1. 1957	Affe
13. 2. 1907– 1. 2. 1908	Ziege		31. 1. 1957–18. 2. 1958	Hahn
2. 2. 1908–21. 1. 1909	Affe		19. 2. 1958– 7. 2. 1959	Hund
22. 1. 1909– 9. 2. 1910	Hahn		8. 2. 1959–27. 1. 1960	Schwein
19. 2. 1910–29. 1. 1911	Hund		28. 1. 1960–14. 2. 1961	Ratte
20. 1. 1911–17. 2. 1912	Schwein		15. 2. 1961– 4. 2. 1962	Ochse
18. 2. 1912– 5. 2. 1913	Ratte		5. 2. 1962–25. 1. 1963	Tiger
6. 2. 1913–25. 1. 1914	Ochse		26. 1. 1963–13. 2. 1964	Hase
26. 1. 1914–13. 2. 1915	Tiger		14. 2. 1964– 1. 2. 1965	Drache
14. 2. 1915– 3. 2. 1916	Hase		2. 2. 1965–21. 1. 1966	Schlange
4. 2. 1916–22. 1. 1917	Drache		22. 1. 1966– 8. 2. 1967	Pferd
23. 1. 1917–10. 2. 1918	Schlange		9. 2. 1967–29. 1. 1968	Ziege
11. 2. 1918–31. 1. 1919	Pferd		30. 1. 1968–16. 2. 1969	Affe
1. 2. 1919–20. 1. 1920	Ziege		17. 2. 1969– 5. 2. 1970	Hahn
2. 1. 1920– 7. 2. 1921	Affe		6. 2. 1970–26. 1. 1971	Hund
8. 2. 1921– 6. 2. 1922	Hahn		27. 1. 1971–18. 2. 1972	Schwein
7. 2. 1922–14. 2. 1923	Hund		19. 2. 1972– 2. 2. 1973	Ratte
15. 2. 1923– 4. 2. 1924	Schwein		3. 2. 1973–23. 1. 1974	Ochse
5. 2. 1924–24. 1. 1925	Ratte		24. 1. 1974–10. 2. 1975	Tiger
25. 1. 1925–12. 2. 1926	Ochse		11. 2. 1975–30. 1. 1976	Hase
13. 2. 1926– 1. 2. 1927	Tiger		31. 1. 1976–17. 2. 1977	Drache
2. 2. 1927–22. 1. 1928	Hase		18. 2. 1977– 7. 2. 1978	Schlange
23. 1. 1928– 9. 2. 1929	Drache		8. 2. 1978–27. 1. 1979	Pferd
10. 2. 1929–29. 1. 1930	Schlange		28. 1. 1979–15. 2. 1980	Ziege
30. 1. 1930–17. 2. 1931	Pferd		16. 2. 1980– 4. 2. 1981	Affe
18. 2. 1931– 6. 2. 1932	Ziege		5. 2. 1981–24. 1. 1982	Hahn
7. 2. 1932–25. 1. 1933	Affe		25. 1. 1982–12. 2. 1983	Hund
26. 1. 1933–13. 2. 1934	Hahn		13. 2. 1983– 1. 2. 1984	Schwein
14. 2. 1934– 3. 2. 1935	Hund		2. 2. 1984–19. 2. 1985	Ratte
4. 2. 1935–23. 1. 1936	Schwein		20. 2. 1985– 8. 2. 1986	Ochse
24. 1. 1936–10. 2. 1937	Ratte		9. 2. 1986–28. 1. 1987	Tiger
11. 2. 1937–31. 1. 1938	Ochse		29. 1. 1987–16. 2. 1988	Hase
1. 2. 1938–18. 2. 1939	Tiger		17. 2. 1988– 5. 2. 1989	Drache
19. 2. 1939– 7. 2. 1940	Hase		6. 2. 1989–26. 1. 1990	Schlange
8. 2. 1940–26. 1. 1941	Drache		27. 1. 1990–14. 2. 1991	Pferd
27. 1. 1941–14. 2. 1942	Schlange		15. 2. 1991– 3. 2. 1992	Ziege
15. 2. 1942– 4. 2. 1943	Pferd		4. 2. 1992–21. 1. 1993	Affe
5. 2. 1943–25. 1. 1944	Ziege		22. 1. 1993– 9. 2. 1994	Hahn
26. 1. 1944–12. 2. 1945	Affe		10. 2. 1994–30. 1. 1995	Hund
13. 2. 1945– 1. 2. 1946	Hahn		31. 1. 1995–18. 2. 1996	Schwein
2. 2. 1946–21. 1. 1947	Hund		19. 2. 1996– 6. 2. 1997	Ratte
22. 1. 1947– 9. 2. 1948	Schwein		7. 2. 1997–27. 1. 1998	Ochse
10. 2. 1948–28. 1. 1949	Ratte		28. 1. 1998–15. 2. 1999	Tiger
29. 1. 1949–16. 2. 1950	Ochse		16. 2. 1999– 4. 2. 2000	Hase

Ratte

Stürmisch bis unbedacht und voreilig, selbstbewußt bis arrogant, setzt sich gern in Szene, kann und weiß meist viel und läßt dies andere deutlich merken. Kann sich nur schwer unterordnen und bleibt oft eingefahrenen Gewohnheiten verhaftet. Ist zwar im Grund hilfsbereit, aber nur dann großzügig, wenn Lohn und Anerkennung winken. Kann in materiellen Dingen recht erfolgreich sein.

Ochse

Vital, tatkräftig, zielbewußt, meist auch vorausschauend und klug planend. Strebt idealistische Ziele an und setzt sich für deren Verwirklichung ein. Ist in seinem Gefühlsausdruck eher verhalten, obwohl er tiefe Gefühle hegt. Kann mit seinem robusten, rastlosen Tatendrang für seine Mitmenschen manchmal recht anstrengend sein.

Tiger

Ungemein unternehmungslustig, aber auch mit großer Ausdauer bei der Verfolgung von Zielen. Übertriebene Vehemenz kann zu Fehlschlägen führen. Mut kann zu Tollkühnheit übersteigert sein. Ausgeprägtes Selbstbewußtsein neigt zu Selbstüberschätzung und Egozentrik, die Rücksichtslosigkeit zur Folge haben kann. Gefühle sind meist heftig, aber auch unstabil.

Hase

Von manchmal schier unbändiger Energie und rastloser Aktivität. In der Regel für Kunst und Literatur begeistert. Kann trotz der schier beängstigenden Dynamik viel Geduld und Verständnis für andere aufbringen, ist im Grunde des Herzens sehr uneigennützig. Kann mit Hindernissen fertig werden, vor denen die meisten verzagen.

Drache

Unerschrocken, weicht weder Feinden noch Hemmnissen aus, da Mut, Vitalität und Kraft im Überfluß vorhanden sind. Gibt sich häufig schroff und abweisend und hat manchmal nur wenige gute Freunde, ist aber im Innersten ungemein sensibel und hat für die Nöte und Sorgen anderer ein offenes Ohr. Muß lernen, seine Energien zu lenken und sich zu Selbstbeherrschung und Mäßigung zu zwingen.

Schlange

Lebt die großen Energieströme in Aktivitäten aus, die meist von schöpferischem Planen gelenkt werden. Kann mit kreativer Phantasie vielfache Anstöße geben und neue Entwicklungen einleiten, ist aber nicht sonderlich ausdauernd bei der Verfolgung von Plänen, sobald das Tun zur Routine geworden ist und keine neuen Anregungen mehr gibt. Kann eine tiefe Gedanken- und Gefühlswelt haben.

Pferd

Kaum zu bändigender Tatendrang wird in einer Vielzahl von Aktivitäten ausgelebt, die manchmal überstürzt in Angriff genommen werden; bei Hindernissen und Schwierigkeiten erlischt das Interesse rasch, und schnell wird etwas Neues angefangen. Heftige Gefühlsausbrüche sind keine Seltenheit; ansonsten werden Gefühle eher zurückgehalten. Ungeduld kann gegen andere ungerecht und verletzend zum Ausdruck kommen.

Ziege

Gerechtigkeitsfanatiker, der zu Streitsucht und Heftigkeit neigt, aber nur selten Gewalt befürwortet oder anwendet und Konfliktsituationen eher durch passiven Widerstand zu bewältigen versucht. Setzt sich für andere und für Ideale als Kämpfernatur ein. Ist in der Regel kreativ und manchmal künstlerisch veranlagt.

Affe

Steckt voller Pläne, die häufig gleichzeitig in Angriff genommen werden, wobei in vielen Fällen ein eiserner Wille, gute Nerven, vorausschauende Planung und eine realistische Einschätzung der Gegebenheiten zum Erfolg führen. Sollte aber allzu große Zersplitterung und übermäßige Kräfteballungen vermeiden, um nicht sich selbst und anderen zu schaden. Kommt meist aus Schwierigkeiten gut heraus.

Hahn

Ungemein betriebsam und erfolgsorientiert, aber auch sehr ichbezogen, neigt zu Selbstsucht, Geschwätzigkeit und Launenhaftigkeit. Kann sich nur schwer unterordnen. Seine direkte Offenheit ist wohltuend, kann aber auch verletzen. Gewandtheit und schlagfertiger Witz machen ihn beliebt. Häufig von allen Aspekten der Natur fasziniert und sehr triebstark, aber in den Gefühlen nicht unbedingt konstant.

Hund

Energiegeladen und ungemein draufgängerisch, aber dabei nicht unbedingt planvoll und bedacht, läßt sich immer wieder zu blindem Losschlagen hinreißen. Setzt sich kämpferisch für Gerechtigkeit und andere Ideale ein, hat gern eine »Mission«, die er unbeugsam verfolgt. Muß jedoch unbedingt darauf achten, seine Unternehmungen besser zu planen und seine Kräfte nicht zu verzetteln.

Schwein

Voll kämpferischer Energie, aber mit wenig Ausdauer und Durchsetzungsvermögen. Setzt sich gern für andere ein, schätzt aber nicht selten Gegebenheiten falsch ein und neigt zu vorschnellen Urteilen und unbedachten Reaktionen. Kann künstlerisch vielfältig begabt sein, braucht aber in dieser Hinsicht meist die Hilfe anderer, um zu Anerkennung und Erfolg zu gelangen.

Die Jahreszeit

Sie sind in der Feuer-Jahreszeit geboren, die die Wochen vom 22. Juni bis zum 4. September umfaßt. Das Element Feuer wird dem Sommer zugeordnet und ist mit dem Süden verbunden; verschwistert ist das Element mit Helligkeit, Wärme und Hitze, auf den Menschen bezogen mit Energie, Freude und Selbstvertrauen. Die Lieblingsfarbe des Feuer-Menschen ist Rot, seine Glückszahl die Sieben.

Wenn Sie niedergeschlagen, abgeschlafft oder seelisch krank sind, vermag Rot Ihnen neue Zuversicht und Spannkraft zu geben, und bei Erkrankungen des Körpers fördern Wärme und Sonnenlicht (je nach den Umständen auch medizinische Bestrahlungen) die Genesung. Am wohlsten fühlen Sie sich in einem Haus oder in Räumen, die nach Süden ausgerichtet sind; am erquickendsten ist Ihr Schlaf, wenn Sie mit dem Kopf nach Süden liegen. Wärmendes Sonnenlicht hilft Ihnen, sich geistig und seelisch zu entspannen.

Sie sind voller Tatkraft, meist optimistisch und haben ein gesundes Selbstvertrauen. Sie streben im Leben nach einem sicheren, tragfähigen Fundament, das Ihnen eine sinnvolle, befriedigende Gestaltung Ihres Daseins ermöglicht und von dem aus Sie auf Ihre Umwelt einwirken können. Gegen eine allzu starke Ichbezogenheit, zu der Sie neigen, sollten Sie ankämpfen und mehr auf Ihre Mitmenschen zugehen. Sie können viel für die Gemeinschaft tun, denn Sie verfügen nicht nur über ein großes Energiepotential, sondern können auch mit Umsicht und Weitblick organisieren und planen. Sie stehen gern im Mittelpunkt: Bemühen Sie sich also, für Ihre Mitwelt gleichsam zu einer Sonne zu werden, die anderen Wärme, Licht und Kraft schenkt. Feuer ist unendlich nützlich, kann aber auch verzehren und zerstören. Das gilt nicht nur für das Element Ihrer Jahreszeit, sondern auch für das Feuer, das in Ihnen brennt, für die großen Energien, die das Leben Ihnen mitgegeben hat.

Die Doppelwoche

Sie sind in der elften chinesischen Doppelwoche geboren (der Neujahrstag der Chinesen fällt nicht mit dem unseren zusammen), die die Tage vom 7. bis 22. Juli umfaßt. Dies ist die Doppelwoche der kleinen Hitze, die Ihre Anlagen in bestimmter Weise prägt.

Sie sind traditionsverhaftet, auf Beständigkeit und Absicherung bedacht, gefühlsbetont, rücksichtsvoll und hilfsbereit. Sie sind nicht ohne Ehrgeiz, aber bei der Verfolgung materieller Ziele entwickeln Sie weder sonderlich viel Fleiß noch große Ausdauer. Zwar haben Sie gern ein bequemes finanzielles Polster, um sich wohl zu fühlen, und Sie sehen sich gern von Ihrer Umwelt anerkannt, aber allzuviel Mühe wollen Sie darauf nicht verwenden. Arbeit als Selbstzweck ist Ihnen fremd; sie muß Ihnen innere Befriedigung verschaffen und zu Ihrer Absicherung unerläßlich sein; ansonsten können Sie auch gut ohne Arbeit auskommen, denn Sie haben viele Interessen, die Ihre Zeit auf angenehmere Weise füllen können. Sie hängen am Vertrauten und Hergebrachten, aber verbohrt konservativ sind Sie nicht.

Zu Ihren Schwächen gehören mangelnde Bestimmtheit, wenig Ausdauer, schwankende Gefühle und eine gewisse Unsicherheit. Wenn man Sie verletzt, fehlt es Ihnen oft an Mut, entschieden zu reagieren und die Dinge rechtzeitig zu klären; Sie fressen Ärger und Enttäuschung in sich hinein, anstatt klare Verhältnisse zu schaffen, so daß es immer wieder zu Spannungen mit der Umwelt kommt. Zwar können Sie notfalls auch harte Ellenbogen zeigen, aber häufig setzen Sie sie zu spät oder zum falschen Zeitpunkt ein. Bemühen Sie sich um mehr Geradlinigkeit und Entschlossenheit, treffen Sie rechtzeitig klare Entscheidungen, für die Ihnen Ihre Fähigkeit des intuitiven Erfassens von Gegebenheiten und von Lösungsmöglichkeiten bei Konflikten zugute kommen kann, doch lassen Sie sich nicht ausschließlich von Gefühlen leiten.

Mein indianisches Horoskop

Obwohl sie auf einem Welt- und Menschenbild beruht, das von unseren abendländischen Vorstellungen sehr verschieden ist, gelangt auch die indianische Astrologie zu Einsichten über den Menschen, die den uns vertrauten Horoskop-Aussagen verblüffend ähnlich sind. Auch für den Indianer ist der Mensch in das Universum eingebunden, ist Bestandteil eines engen Geflechts von Beziehungen und Wechselwirkungen, das die ganze – belebte und unbelebte – Welt durchzieht.

Das wichtigste Bezugssystem unserer Astrologie ist der Tierkreis mit seinen zwölf Zeichen, durch die das Jahr gegliedert wird. Nach Auffassung der Indianer tritt der Mensch mit seiner Geburt in einen magischen Kreis ein, der die ganze Welt in sich einschließt. Vier Abschnitte unterteilen das Universum, den Jahres- und Tageslauf und werden durch je ein Tier symbolisiert: Ost – Frühling – Morgen – Adler; Süd – Sommer – Mittag – Kojote; West – Herbst – Abend – Grizzlybär; Nord – Winter – Nacht – Weißer Büffel. Unseren Tierkreiszeichen entsprechen zwölf Monde oder Monate, denen jeweils ein Totem (Zeichen) im Tier-, Pflanzen- und Mineralreich sowie eine Symbolfarbe beigegeben sind.

Sie sind ein Specht-Mensch

Geboren sind Sie unter dem Mond der Kraftvollen Sonne, der etwa dem Zeitraum unseres Tierkreiszeichens Krebs entspricht. Ihr Totem im Tierreich ist der Specht, Ihr Totem im Pflanzenreich die Heckenrose, Ihr Totem im Mineralreich der

Karneol und Ihre Symbolfarbe Rosa. Sie gehören dem Elementeklan der Frösche an, deren Element das Wasser ist. Andere Angehörige dieses Klans sind die Schlange-(Skorpion-) und Puma-(Fische-)Menschen. Das bedeutet, daß Sie mit diesen viele charakteristische Wesensmerkmale gemeinsam haben. Geboren sind Sie im Sommer, der Jahreszeit von Shawnodese (Kojote), des Hüters des Geistes aus dem Süden, der auch den Mittag und die Kraft des Wachstums und Vertrauens symbolisiert.

Der Specht-Mensch ist weit mehr gefühls- als verstandesorientiert. Er läßt sich in seinem Planen und Handeln, aber auch im Umgang mit den Mitmenschen eher von seinem intuitiven Gespür als von scharfsinnigen Überlegungen leiten. Allerdings kann ihm seine dominierende Gefühlswelt auch zu schaffen machen, verstellt sie ihm doch häufig den Blick auf die Realitäten und läuft Gefahr, sich ziellos zu verströmen. Deshalb ist es wichtig, daß er das Wogen seiner Emotionen zu bändigen vermag; wenn er mit sich selbst ins reine gekommen ist, kann er anderen viel Mitgefühl entgegenbringen, sich gut in sie einfühlen. Wagnisse und überraschende Neuerungen liebt der Specht-Mensch nicht; er bevorzugt das Vertraute und Bewährte, ist also konservativ.

Konservativ ist er auch insofern, als er auf Festhalten und Bewahren aus ist. Das bedeutet, daß er einerseits sehr besitzergreifend ist, geliebte Menschen ganz und gar in Beschlag nehmen will, ihnen kaum persönlichen Freiraum läßt, andererseits aber auch ungemein fürsorglich ist, für einen materiell abgesicherten Rahmen sorgt und Geld und Gut mit Bedacht zusammenhalten kann. Verbunden ist mit diesem Wesenszug häufig ein Mangel an äußerer und innerer Beweglichkeit und mangelnde Anpassungsbereitschaft. Je nach den Umständen kann ein stets gegebener Hang zur Bequemlichkeit in regelrechte Trägheit ausarten; rasche Entschlußkraft und Arbeitsfreude sind Gaben, mit denen ein Specht-Mensch nur recht selten bedacht ist.

Der Specht-Mensch ist sehr bemüht, sich eine Umwelt zu schaffen, in der er sich wohl fühlt. Ein schönes Zuhause ist für ihn wichtig, aber er braucht auch zahlreiche zwischenmenschliche Beziehungen, für deren Aufbau und Pflege er viel Zeit und Kraft aufwendet. Gern schließt er sich an Gruppen an, wenn er dort Gleichgesinnte vorfindet; häufig handelt es sich dabei um Zusammenschlüsse, die sich dem Dienst an der Gemeinschaft verschrieben haben.

Partnerschaften

Als Specht-Mensch sind Sie ein Vertreter des Froschklans, dessen Element das Wasser ist. Dem gleichen Klan gehören auch die Schlange-(Skorpion-) und Puma-(Fische-)Menschen an. Mit diesen kommen Sie in der Regel sehr gut zurecht, da Ihnen viele grundlegende Wesenszüge gemeinsam sind. In einer engen Partnerschaft kann es freilich eben wegen dieser Übereinstimmungen zu Reibereien kommen. Nur wenn Sie Ihre Emotionen in zielgerichtete Bahnen lenken lernen und dynamischer werden, ist eine solche Partnerschaft von Bestand.

Am besten ergänzen Sie sich mit Angehörigen des Schildkrötenklans, dessen Element die Erde ist. Das Wasser bewahrt die Erde vor Austrocknung, und andererseits kann das Wasser ohne die Erde als feste Grundlage nicht fließen. Dieser Symbolbezug macht deutlich, daß eine Verbindung von Angehörigen dieser Klans für beide von Vorteil ist. Die Froschklan-Menschen bringen zur stabilen Energie des Schildkrötenklan-Menschen die Beweglichkeit ihres Elements, einen dynamischen Impuls, der vor Erstarrung und lähmender Verankerung in der Erde bewahrt. Umgekehrt bieten die Vertreter des Schildkrötenklans den Menschen des Froschklans Stabilität und ein sicheres Fundament, damit sich ihre Kräfte nicht ziellos in alle Richtungen ergießen, weisen ihnen die Richtung für eine sinnvolle, durchdachte Lebensgestaltung, helfen ihnen, Ideen in die Tat umzusetzen, ihr Tun auf feste Grundlagen zu stellen.

Im praktischen Leben und auf der Gefühlsebene werden die Partnerschaften erfreulich, nützlich und von Dauer sein. Dem Schildkrötenklan gehören die Biber-(Stier-), Braunbär-(Jungfrau-) und Schneegans-(Steinbock-)Menschen an.

Recht gegensätzlich sind Angehörige des Donnervogelklans, dessen Element das Feuer ist. Feuer und Wasser vertragen sich nicht, zehren einander auf. In einer engeren Partnerschaft kann es große Anfangsschwierigkeiten geben, da sich die Vertreter der beiden Klans instinktiv voneinander bedroht fühlen. Dennoch kann gerade die Gegensätzlichkeit auf beide Seiten sehr nutzbringend einwirken, indem die bisweilen bedrohliche Dynamik des Feuers gedämpft und andererseits die kühle Verhaltenheit des Wassers belebend erwärmt wird. Mit Geduld und Hingabe seitens des Donnervogelklan-Menschen und einem Bemühen um Öffnung und mehr Dynamik seitens des Froschklan-Menschen kann eine Beziehung zwischen Vertretern dieser Klans beiden sehr hilfreich sein. Zum Donnervogelklan gehören der Roter-Habicht-(Widder-), Stör-(Löwe-) und Wapiti-(Schütze-)Mensch.

Das Element des Schmetterlingsklans ist die Luft. Luft ist wie Wasser in ständiger Bewegung; darin sind sich die beiden Elemente ähnlich. Ebenso ähnlich sind sich in vielen Wesenszügen die Vertreter des Frosch- und des Schmetterlingsklans, was freilich auch bedeutet, daß einer im anderen viele der eigenen Fehler gespiegelt sieht. Das kann in einer engen Bindung Anpassungsschwierigkeiten bringen. Sie sollten sich zunächst einmal bemühen, ihre Beweglichkeit in eine gemeinsame Richtung zu koordinieren, sich auf gemeinsame Ziele zu konzentrieren. Froschklan-Menschen können auf Vertreter des Schmetterlingsklans eine stabilisierende Wirkung ausüben, weil sie ihre Energien in einem konstanten Fluß und nicht in sprunghaften Schüben verströmen, weil sie überlegter vorgehen und mehr Ausdauer, Geduld und Beständigkeit an den Tag legen. Zum Schmetterlingsklan gehören die Hirsch-(Zwillinge-), Rabe-(Waage-) und Otter-(Wassermann-)Menschen.

Mein keltisches (Baum-)Horoskop

Nicht Tierkreiszeichen oder Tiere, sondern Bäume sind die Symbole der keltischen Astrologie. Deren Systematik beruht auf den beiden heiligen Zahlen der Kelten, der Drei und der Sieben: einundzwanzig Bäume gliedern den Jahreslauf. Vier der Bäume sind nur einem einzigen Tag zugeordnet, und zwar den Tagen der Frühlings- und Herbst-Tagundnachtgleiche und den Tagen des Sonnenhöchststands und Sonnentiefstands. Die übrigen Bäume »regieren« Dekaden, wie wir sie auch in unserer Astrologie kennen, wobei fünfzehn Bäumen jeweils zwei und zwei Bäumen jeweils drei Dekaden des Jahres zugeordnet sind.

Ihr Baum ist die *Ulme*. Sie symbolisiert Ruhe und Beherrschtheit, Ernst und Treue, Intelligenz und praktischen Sinn, aber auch hohe Anforderungen und einen Hang zur Rechthaberei. Befehlen ist ihr lieber als Gehorchen, aber mit Vernunft und Weitsicht kann sie zum eigenen Besten und zum Nutzen der Umwelt die Richtung weisen.

Diese Grundcharakteristik bedeutet für Sie: Sie geben sich verhalten und beherrscht und zeichnen sich durch Geschmack und gepflegten Stil aus. Sie verlangen von sich und von anderen viel und nehmen schnell übel, wenn man Ihren Anforderungen nicht gerecht wird. Andererseits sind Sie großzügig und meist recht humorvoll. Verpflichtungen nehmen Sie ernst und sind treu und zuverlässig. Mit wacher Intelligenz und gesundem Menschenverstand planen und handeln Sie wirklichkeitsbezogen für Ihren sozialen und beruflichen Aufstieg, wobei Sie selbstbewußt gern Führungsaufgaben übernehmen und Verantwortung tragen.

Sie sind kein ganz einfacher Partner, denn Sie können recht eigensinnig und anspruchsvoll sein und reagieren mit beleidigtem Trotz, wenn Ihnen etwas nicht paßt. Ihre Vorzüge sind Edelmut, Großzügigkeit, Pflichtbewußtsein und Verläßlichkeit.

Milva (*1939) in der »Dreigroschenoper«

Margarete Mitscherlich (*1917)

James Cagney (1899–1986)

Mario Kempes (*1954), WM-Torschützenkönig 1978

Prominente Geburtstagskinder

Lyonel Feininger

* am 17. Juli 1871 in New York
† am 13. Januar 1956 ebenda

Feininger wurde 1871 in New York als Sohn eines deutschen Musikerehepaares geboren. Während eines Aufenthaltes in Deutschland entschloß er sich zum Kunststudium in Hamburg und arbeitete als Karikaturist für mehrere Zeitungen. 1907 beschäftigte er sich in Paris mit dem von Picasso und Braque entwickelten analytischen Kubismus, der Zerlegung eines Gegenstandes in geometrisch-flächige und stereometrisch-kubische Elemente. Unter dem Einfluß der italienischen Futuristen, die sich dieser Darstellungsweise bedienten, um die Bewegung eines Körpers durch die Wiedergabe verschiedener Bewegungsphasen zu erfassen, entstanden 1912 die *Radfahrer,* deren spitzwinklige Verformung zu Keilen, die die Luft zerteilen, dem Vorgang und dem Eindruck der Fahrt entspricht. Das umgekehrte Verhältnis von ruhendem Gegenstand und bewegtem Betrachter liegt dem Bild *Brücke* von 1913 zugrunde, in dem die Ansichten aus verschiedenen Blickwinkeln zusammengefügt sind. Während seiner Mitarbeit am »Bauhaus« von 1919 bis 1933 in Weimar, Dessau und Berlin gelangte Feininger zu einer Bildform, die er selbst als »Prismaismus« bezeichnete. 1937 kehrte Feininger für immer nach New York zurück.

James Cagney

* am 17. Juli 1899 in New York
† am 30. März 1986 in Stanfordville

James Cagney gab sein Filmdebüt in *Sinner's Holiday* (1931) nach einigen Jahren als Varieté-Sänger und Steptänzer und wurde mit einem Schlag berühmt, als er kurz darauf Mae Clark in *Public Enemy* (1931) eine halbe Grapefruit im Gesicht zerdrückte. Aggressiv wie ein Kampfhahn und unmoralisch zumindest an der Oberfläche, wurde er in Filmen wie *G-Men* (1935), *Angels with Dirty Faces* (1938), *The Roaring Twenties* (1939) und nach *Each Dawn I Die* (1939) zum Inbegriff des kleinen Gangsters. Ein Aspekt des kampflustigen und sich seiner selbst todsicheren Irisch-Amerikaners, der er im Kern war, kam in diesen typischen Charakterisierungen zum Ausdruck; er kontrastierte mit der anständigen, warmherzigen irischen Art, die Pat O'Brien vermittelte, der oftmals den Polizisten, den Aufseher oder Geistlichen neben Cagneys Kriminellen spielte.

Als der Stil der Gangsterfilme sich änderte, wurden Cagneys Rollen bösartig und psychotisch, zum Beispiel in *White Heat* (1949), *Kiss Tomorrow Goodbye* (1950) und *Love Me Or Leave Me* (1955). Alle Darstellungen Cagneys basierten auf Manierismen, staccatohaftes Sprechen, Schmollmund, nervöse, explosive Bewegungen, die sich zu einer Art gewalttätigem Sex-Appeal summierten, der seiner Beliebtheit sehr zugute kam.

Anfang der sechziger Jahre zog sich James Cagney aus dem Filmgeschäft zurück. Nur noch zweimal stellte er sich auf besonderes Drängen seiner Regisseure vor die Kamera: 1961 in Billy Wilders Nachkriegsklamotte *Eins, zwei, drei* und 1981 in Milos Formans Jazzfilm *Ragtime*.

Margarete Mitscherlich

* am 17. Juli 1917 in Graaten (Dänemark)

Dr. med. Margarete Mitscherlich, die Witwe des Psychoanalytikers Alexander Mitscherlich, hat sich gemeinsam mit ihrem Mann um die Wiederbelebung der Psychoanalyse im Deutschland der Nachkriegszeit unvergeßliche Verdienste erworben. 1960 begründete das Paar das Sigmund-Freud-Institut in Frankfurt am Main und führte die Fachwissenschaft in den folgenden Jahren auf den fruchtbaren Weg, psychoanalytische Erkenntnisse verstärkt auf politische und kulturelle Phänomene anzuwenden. Mit ihrem 1967 erschienenen Buch *Die Unfähigkeit zu trauern* lieferten die Mitscherlichs ihren Beitrag zur Bewältigung der jüngsten deutschen Vergangenheit: Als einziger Weg, traumatischen Ereignissen den Stachel zu nehmen, sei bewußte »Trauerarbeit«, die das ins Unbewußte verdrängte Übel zu enthüllen und zu überwinden vermag, ein psychoanalytisches Grundgesetz, das für Personen wie für Völker Geltung habe. Seit den siebziger Jahren widmete sich Margarete Mitscherlich mit starkem Engagement der gesellschaftlichen Situation der Frau. 1985 erschien ihre psychoanalytische Untersuchung zur Aggression unter den Geschlechtern mit dem Titel *Die friedfertige Frau.*

Milva

* am 17. Juli 1939 in Goro bei Ferrara

Die italienische Sängerin Milva, mit bürgerlichem Namen Maria Ilva Biolcati, wurde in Deutschland zunächst durch ihre ausdrucksstarke Interpretation von Brecht-Liedern bekannt. Seither haben ihre eigenen Chansons, die sie vielfach auch auf Deutsch singt, einen festen Platz auf den Hitlisten. Zu Milvas besten Nummern zählen *Weil du so klug und zärtlich bist* und ihre italienische Version des Evergreens aus dem Musical *Evita, Non pianger piu Argentina* (Weine nicht um mich, Argentinien). Eine müßige Aufforderung: Wer je den melancholischen Schmelz, das eindringliche Vibrato ihrer Stimme gehört hat, ist den Tränen nahe gewesen, ob in Argentinien, Italien, Deutschland oder anderswo.

Mario Kempes

* am 17. Juli 1954 in Bell Wille (Argentinien)

»Weine nicht um mich, Argentinien« – das war auch der Tenor einer Presseerklärung, die der argentinische Torjäger Mario Kempes im Frühjahr 1978 abgab. Damals war das ganze fußballbegeisterte Land in Wallung, weil der spanische Klub Valencia den Argentiniern ihren »Mario Superstar« für die ungeheure Transfersumme von 1,1 Millionen Mark abspenstig gemacht hatte. Gegen diesen Betrag konnte Kempes' Verein Rosario Central nicht an – das böse Wort vom »Verräter« machte die Runde in den Straßen von Buenos Aires und den anderen Städten der Nation. Doch es sollte nur wenige Wochen währen, bis die Schmoller verstummten. 1978 hatten sich die Argentinier erstmals die Ausrichtung der Weltmeisterschaft erkämpft, und deren Held würde der landesflüchtige Mario Kempes werden, als gebürtiger Argentinier selbstverständlich in den weißblauen Farben des südamerikanischen Landes.

In der entscheidenden Endphase des Turniers warf Kempes die Polen und die Peruaner mit je zwei »Zwillingstoren« hintereinander aus dem Rennen. Der Finalgegner am 25. Juni hieß Holland, das vier Jahre zuvor bei der Weltmeisterschaft in Deutschland im Endspiel dem Gastgeber 1:2 unterlegen war und der Welt nun endlich beweisen wollte, daß man damals nur aus purem Pech den kürzeren zog. 38. Minute: Mario Kempes schießt zum 1:0 für Argentinien ein. 81. Minute: Der Holländer Poortvliet gleicht zum 1:1 aus. Die 105. Minute in der Verlängerung: Mario Kempes erzielt das 2:1. In diesem Moment erheben sich die Hunderttausend im Stadion und die Millionen vor den Bildschirmen wie ein Mann und schreien sich heiser vor Begeisterung. Das 3:1 durch Bertoni zehn Minuten später ist nur noch von statistischem Wert. Kempes ist der Held des Tages – des schönsten Tages, den die krisengeschüttelte Republik seit langem erlebt hat.

Weitere Geburtstagskinder am 17. Juli sind:

Der deutsche Industrielle Friedrich Krupp (1787–1826), der französische Maler Paul Delaroche (1797–1856) und der deutsche Fernsehjournalist Franz Alt (* 1938).

Weltzeitalter, Jahresplaneten, Symbolbezüge

Infolge der Kreiselbewegung der Erdachse (Präzession) wandert der Frühlingspunkt, also der Schnittpunkt von Himmelsäquator und Ekliptik, in rund 2100 Jahren um jeweils ein Sternbild auf dem Tierkreis zurück. An der Spitze des Sternbilds Widder lag der Frühlingspunkt vor rund 4000 Jahren; um die Zeitenwende wanderte er in das Sternbild Fische zurück, und inzwischen ist er im Sternbild Wassermann angelangt. Von den Sternbildern zu unterscheiden sind die gleichnamigen Tierkreiszeichen: Bei diesen handelt es sich um Abschnitte eines auf den Frühlingspunkt ausgerichteten astrologischen Bezugssystems, das durch die Wanderung dieses Punktes nicht verändert wird.

Die Zeitdauer einer vollen Erdachsenumdrehung (rund 25 000 Jahre) bezeichnet man als »Platonisches Jahr«. Dieses gliedert sich in zwölf jeweils etwa 2100 Jahre umfassende »Weltmonate« (auch Weltzeitalter genannt), die nach alter astrologischer Tradition durch die Wirkqualitäten des Tierkreisabschnitts bestimmt werden, der vom Frühlingspunkt im jeweiligen Zeitraum durchlaufen wird. Eine zusätzliche Prägekraft schrieb man dem im Tierkreis gegenüberliegenden Abschnitt zu, so daß also jeweils zwei polare Tierkreiszeichen wirksam sind.

Wir stehen heute an der Schwelle des *Wassermann-Zeitalters,* das durch das Tierkreiszeichen Wassermann und den ihm zugeordneten Planeten Uranus gekennzeichnet sein wird. Beide symbolisieren revolutionäre Umbrüche, eine gesteigerte Verbundenheit mit dem All, aber auch eine Verdichtung der Beziehungen innerhalb der Menschheit. Daß die atemberaubende Entwicklung von Wissenschaft und Technik grundlegende Veränderungen (Nutzung der Atomkraft, Computer, Raumfahrt) eingeleitet hat, ist offenkundig. Nachrichten- und Verkehrstechnik haben die Erde gleichsam schrumpfen lassen, haben die Menschen aller Kontinente einander so nahe gebracht wie nie zuvor. Noch ist nicht abzusehen, wohin diese Entwicklung führen wird, ob sie der Menschheit zum Fluch oder zum Segen gereicht.

Etwa von der Zeitwende bis in unsere Tage dauerte das *Zeitalter der Fische.* Das welthistorisch bedeutsamste Ereignis dieses Abschnitts war die Entstehung und Entfaltung des Christentums, dessen frühes Symbol die Fische waren. Der Einfluß des polaren Tierkreiszeichens Jungfrau zeigt sich in den Grundzügen der christlichen Religion (Demut, Nächstenliebe usw.), aber auch im Marienkult.

Die beiden Jahrtausende vor der Zeitwende, das *Zeitalter des Widders,* standen unter dem Einfluß des Mars. Große Völkerkriege ließen mächtige Reiche untergehen und führten das Griechenheer Alexanders des Großen bis nach Indien. Der polare Waage-Einfluß zeigt sich in den herrlichen Kunstschöpfungen dieser Zeit. Der Widder spielte in manchen Religionen des Orients eine bedeutsame Rolle.

Das 3. und 4. vorchristliche Jahrtausend war das *Zeitalter des Stiers.* Erdverbundener Schönheitssinn und praktisches Denken offenbaren sich in der altägyptischen Kultur. Im ganzen Mittelmeerraum spielen Stierkulte eine wichtige Rolle, wie sie uns am eindrucksvollsten aus Kreta überliefert sind. Der polare Skorpion-Einfluß zeigt sich u. a. in den Totenkulten der damaligen Hochkulturen.

Das *Zeitalter der Zwillinge* (um 6000 – 4000 v. Chr.) wird durch gesteigerte geistige und physische Mobilität gekennzeichnet. In diesen Abschnitt fallen die Verbreitung der Schrift und die Entstehung erster Bibliotheken (China, Zweistromland, Ägypten), aber auch die Erfindung des Rades.

Jahresplaneten kennt man schon seit Tausenden von Jahren. Sie wurden zunächst im vorderasiatischen Kulturraum als Anhaltspunkte für die Zeitrechnung eingeführt; da damals das Jahr im Frühling begann, dauert die »Herrschaft« eines Planeten jeweils vom 21. März bis zum 20. März des Folgejahres.

70

Erst später schrieb man den Jahresplaneten auch astrologische Bedeutung zu und begann, sie in die Deutung von Individualhoroskopen und bei der astrologischen Wettervorhersage einzubeziehen. Die moderne Astrologie ist davon wieder abgekommen, aber für Interessierte wollen wir mit zwei Übersichten kurz darauf eingehen.

Die Jahresplaneten für das 20. Jahrhundert

Merkur
1900 1907 1914 1921 1928 1935 1942 1949 1956 1963
1970 1977 1984 1991 1998

Mond
1901 1908 1915 1922 1929 1936 1943 1950 1957 1964
1971 1978 1985 1992 1999

Saturn
1902 1909 1916 1923 1930 1937 1944 1951 1958 1965
1972 1979 1986 1993 2000

Jupiter
1903 1910 1917 1924 1931 1938 1945 1952 1959 1966
1973 1980 1987 1994

Mars
1904 1911 1918 1925 1932 1939 1946 1953 1960 1967
1974 1981 1988 1995

Sonne
1905 1912 1919 1926 1933 1940 1947 1954 1961 1968
1975 1982 1989 1996

Venus
1906 1913 1920 1927 1934 1941 1948 1955 1962 1969
1976 1983 1990 1997

»Der Mensch dringt durch den Erdenhimmel in neue Welträume vor.«
Holzschnitt um 1530

Dem Einfluß des Jahresplaneten schrieb man über die individuellen Konstellationen des Geburtshoroskops hinaus folgende zusätzlichen Prägekräfte auf das Wesen der in den jeweiligen Jahren Geborenen zu:

Merkur: vielseitig interessiert, kritisch, verstandesbetont, ehrgeizig, redegewandt und reisefreudig.

Mond: unbeständig, wechselvolles Schicksal, Veränderungen in der Lebensmitte, Erfolge im Alter.

Saturn: überlegt, konzentriert, ausdauernd, eigensinnig und verschlossen; langsamer Aufstieg, später Erfolg.

Jupiter: großzügig, lebensfroh, optimistisch, gute Aufstiegschancen.

Mars: dynamisch, energisch, leidenschaftlich, starkes Durchsetzungsvermögen, aber auch voreilig und unbedacht.

Sonne: selbständig, großzügig, aber auch ichbezogen, eigenwillig und triebhaft.

Venus: begeisterungsfähig, schöpferisch, vielseitig interessiert, lebensfroh; Erfolg oft erst in der zweiten Lebenshälfte.

Noch einmal sei gesagt, daß sich der Einfluß eines Jahresplaneten nicht vom 1. Januar bis zum 31. Dezember, sondern vom 21. März bis zum 20. März des folgenden Jahres erstreckt.

Auf die vielfältigen *Symbolbezüge* von Tierkreiszeichen und Planeten können wir hier nicht im einzelnen eingehen. Wir wollen sie nur tabellarisch zusammenfassen, und zwar in folgender Reihenfolge:

Tierkreiszeichen – Planetenherrscher – Farben – Metall – Edelsteine – Zahlen – Wochentag.

Widder: Mars – Rot, Kadmiumgelb – Eisen – Rubin, Jaspis, Granat, Diamant, Amethyst – Neun – Dienstag.

Stier: Venus – Gelb, Pastellblau, Hellgrün – Kupfer – Achat, Smaragd, Saphir, Lapislazuli, Türkis, Karneol – Fünf und Sechs – Freitag.

Zwillinge: Merkur – Violett, Safrangelb – Quecksilber – Topas, Bergkristall, Aquamarin, Goldberyll – Fünf – Mittwoch.

Krebs: Mond – Grün, Silber, Weiß – Silber – Kristall, Smaragd, Opal, Mondstein, Perlen – Zwei und Sieben – Montag.

Löwe: Sonne – Orange, Gold, Gelb – Gold – Rubin, Diamant, Hyazinth, Goldtopas, Tigerauge – Eins und Vier – Sonntag.

Jungfrau: Merkur – Violett, Hellblau, Weiß – Quecksilber – Roter Jaspis, Achat, Karneol, Topas, Turmalin – Fünf – Mittwoch.

Waage: Venus – Gelb, Pink, Pastelltöne – Kupfer – Diamant, Beryll, Lapislazuli, Türkis, Koralle, Perlen – Fünf und Sechs – Freitag.

Skorpion: Mars – Rot, Braun, Schwarz – Eisen – Topas, Malachit, Jaspis, Rubin, Sardonyx – Neun – Dienstag.

Schütze: Jupiter – Blau, Purpur, warmes Braun – Zinn – dunkelblauer Saphir, Türkis, Amethyst, Lapislazuli, Granat – Drei – Donnerstag.

Steinbock: Saturn – Indigo, Dunkelgrün, Braun, Schwarz – Blei – Onyx, Gagat, Chalzedon, Karneol, Chrysopras, schwarze Perlen – Acht und Fünfzehn – Samstag.

Wassermann: Uranus (früher Saturn) – Indigo, Lila, Violett, irisierende Farben – Blei, Aluminium, Radium – Saphir, Amethyst, Bernstein, Aquamarin, Chalzedon – Acht und Fünfzehn – Samstag.

Fische: Neptun (früher Jupiter) – Blau, Violett, Weiß, schillernde Farben – Platin, Zinn – Chrysolith, Saphir, Topas, Opal, Perlmutt, Kristalle – Drei – Donnerstag.

II.
Mein persönliches Horoskop

Astrologische Symbole

Tierkreiszeichen

Widder	♈	Waage	♎
Stier	♉	Skorpion	♏
Zwillinge	♊	Schütze	♐
Krebs	♋	Steinbock	♑
Löwe	♌	Wassermann	♒
Jungfrau	♍	Fische	♓

Gestirnsymbole

Sonne	☉	Jupiter	♃
Mond	☽	Saturn	♄
Merkur	☿	Uranus	♅
Venus	♀	Neptun	♆
Mars	♂	Pluto	♇

Aspekte

Konjunktion (0°)	☌	Trigon (120°)	△
Sextil (60°)	✶	Opposition (180°)	☍
Quadrat (90°)	☐		

So erstellen Sie Ihr persönliches Horoskop

Die Auskünfte, die Sie im ersten Teil unseres Buches erhalten haben, beruhen im wesentlichen auf der Prägekraft Ihres Sonnenzeichens, also jenes Tierkreiszeichens, in dem zum Zeitpunkt Ihrer Geburt die Sonne gestanden hat. Nun ist aber der Sonnenstand nur eine aus einer Vielzahl von kosmischen Gegebenheiten, die auf Ihre Wesensart, Ihre Anlagen und Fähigkeiten einwirken und dadurch beitragen, Ihren Lebensweg zu bestimmen. Ein genaueres, Ihren ganz persönlichen Gegebenheiten entsprechendes Bild ergibt sich erst, wenn auch die übrigen Elemente des Horoskops mit einbezogen werden. Das können Sie mit Hilfe der folgenden Anleitung tun. Wir haben die hierzu erforderlichen Hilfsmittel und Verfahren so vereinfacht, daß zur Erstellung des Horoskops keine komplizierten Berechnungen notwendig sind. Für die Deutung Ihres Horoskops finden Sie im Anschluß an die Tabellen Übersichten, die trotz der aus Platzgründen gebotenen Knappheit der Darstellung viele Anhaltspunkte geben.

Nun ist freilich seriöses Horoskopieren eine Kunst und Begabung, deren Ausübung viel Erfahrung und Einfühlungsvermögen voraussetzt. Kein Buch kann Sie im Schnellverfahren zum Fachastrologen machen. Dieser arbeitet zudem außer mit dem System der Tierkreiszeichen mit einem zweiten Bezugssystem, dem der Häuser, das noch detailliertere Aussagen ermöglicht. Für deren Berechnung und Deutung wären aber so umfangreiche Tabellen nötig, daß wir darauf verzichten müssen. Dennoch bietet Ihnen auch unser vereinfachtes Verfahren viele zusätzliche Auskünfte über Ihre ganz persönlichen Gegebenheiten.

Folgen Sie nun Schritt für Schritt unseren Anleitungen. Als erstes füllen wir die Liste »Gestirnstände« auf Seite 82 aus und zeichnen die ermittelten Stände in das Horoskopformular auf der gleichen Seite ein.

So finden Sie die Gestirnstände

Schlagen Sie die Tabelle »Gestirnstände« auf Seite 84 auf. Den genauen Sonnenstand für den Tag Ihrer Geburt finden Sie einleitend. Dann suchen Sie in der Tabelle Ihr Geburtsjahr und übertragen die in der betreffenden Zeile angeführten Gradangaben für Merkur, Venus, Mars, Jupiter, Saturn, Uranus, Neptun und Pluto in die Liste auf Seite 82. Sie finden jeweils zwei Gradangaben, eine erste zwischen 0 und 30 Grad mit Tierkreiszeichen und rechts vom Schrägstrich eine zweite zwischen 0 und 360 Grad ohne Tierkreiszeichen. Übertragen Sie beide Werte in die Liste.

Nun fehlt noch der Mondstand, der, um ganz genau zu sein, nach der von der Uhrzeit und dem Ort der Geburt abhängigen Ortszeit berechnet werden muß. Was die Ortszeit ist und wie die Berechnung vor sich geht, erklären wir Ihnen auf Seite 88. Wenn Sie den ermittelten Mondstand übertragen haben, ist unsere Liste auf Seite 82 komplett. Nun können wir die Gestirnstände ins Horoskopformular auf der gleichen Seite eintragen. Wie das aussieht, zeigt unser Beispielhoroskop auf Seite 80 (eine ausgefüllte Gestirnstandliste sehen Sie auf Seite 79).

So finden Sie Ihren Aszendenten

Wenn Sie nach unserer Anleitung auf Seite 88 die Ortszeit Ihrer Geburt bestimmt haben, können Sie auf der Grafik auf Seite 92 bei der errechneten Zeit Ihren Aszendenten direkt ablesen.

So berechnen Sie Ihre Aspekte

Hierfür müssen wir zuerst die Spalte »Position« in der Liste »Aspekte« auf Seite 83 ausfüllen. In diese Spalte übertragen wir aus der Liste »Gestirnstände« auf Seite 82 für jedes Gestirn den zwischen 0 und 360 liegenden Wert rechts vom Schrägstrich. Dann ermitteln wir systematisch die Unterschiede zwischen allen diesen Zahlen, indem wir jeweils die kleinere von der größeren abziehen. Wenn das Ergebnis über 180 liegt, zählen wir erst zur kleineren Zahl 360 hinzu und ziehen vom Ergebnis die andere Zahl ab. *Ein Beispiel*: $270 - 182 = 88$; aber $320 - 30 = 290$, also größer als 180, deshalb rechnen wir erst $30 + 360 = 390$ und ziehen davon 320 ab: $390 - 320 = 70$.

Wir beginnen mit den Gradangaben für Sonne und Mond und tragen das Ergebnis in der Zeile mit dem Sonnenzeichen in der Spalte unter dem Mondzeichen ein. Dann berechnen wir den Unterschied zwischen den Zahlen für Sonne und Merkur und schreiben das Ergebnis in der Sonnenzeile in die Spalte mit dem Merkurzeichen darüber. So machen wir weiter bis zum Unterschied zwischen den Zahlen für Sonne und Pluto. Wenn die Zeile mit dem Sonnenzeichen ausgefüllt ist, machen wir mit dem Mond weiter, also Mond – Merkur, Mond – Venus usw. bis zu Mond – Pluto und tragen die Ergebnisse in der Mondzeile in der Spalte für das jeweilige Gestirn ein. Es folgen Merkur – Venus bis Merkur – Pluto und so fort, bis wir schließlich bei Neptun – Pluto angelangt sind. Damit haben wir in jedem Kästchen rechts von den Balkenkreuzen unserer Liste auf Seite 83 eine Zahl eingetragen.

Diese Zahlen schauen wir uns jetzt genauer an. Aufmerksamkeit verdienen alle Werte, die zwischen 0 und 15, 49 und 71, 78 und 102, 108 und 132 oder 165 und 195 liegen, weil sie auf Aspekte im Horoskop hinweisen können.

Gestirne bilden Aspekte, wenn sie im Augenblick der Geburt in bestimmten Abständen (Winkeln) zueinander stehen. Dann treten sie miteinander in Wechselwirkung, was sich günstig oder ungünstig auswirken kann. Wir beschränken uns auf die sogenannten Hauptaspekte: Konjunktion (0 Grad), Sextil (60 Grad), Quadrat (90 Grad), Trigon (120 Grad) und Opposition (180 Grad). Sextil und Trigon sind günstige Aspekte, Quadrat und Opposition ungünstige Aspekte, während sich eine Konjunktion manchmal günstig und manchmal ungünstig auswirken kann. Die Aspekte müssen aber nicht exakt sein, d.h., die Abstände zwischen zwei Gestirnen müssen nicht genau 0, 60, 90, 120 oder 180 Grad betragen, sondern es ist eine bestimmte Wirkungsbreite gegeben, so daß beispielsweise zwischen Sonne und Mond eine Opposition vorliegt, wenn der Abstand zwischen 165 und 195 Grad beträgt. Die Wirkungsbreite ist je nach der Art der Aspekte und der daran beteiligten Gestirne unterschiedlich. In unserer Deutungstabelle (ab Seite 105) ist bei jedem Aspekt angegeben, innerhalb welcher Grenzen er gilt.

In der Deutungsübersicht ab Seite 105 müssen wir nachschlagen, wenn wir in unserer Liste »Aspekte« auf Seite 83 folgende Werte errechnet haben: bei Werten zwischen 0 und 15 im Abschnitt »Konjunktion« (ab Seite 105), bei Werten zwischen 78 und 102 bzw. 165 und 195 im Abschnitt »Quadrat und Opposition« (ab Seite 110) und bei Werten zwischen 59 und 71 bzw. 108 und 132 im Abschnitt »Sextil und Trigon« (ab Seite 114). Unter welchem Gestirn wir nachschlagen müssen, verrät uns das Gestirnsymbol am Anfang der betreffenden Zeile. Steht also links in der betreffenden Zeile das Symbol ☿ und am Kopf der Spalte das Symbol ♃, so müssen wir unter Merkur/Jupiter nachsehen. Wenn ein Aspekt vorliegt, so zeichnen wir ihn in das Kästchen neben der Zahl mit dem auf der Seite 83 unten angeführten Symbol ein. Zum Schluß können wir die Aspekte wie im Beispielhoroskop auf Seite 80 in unserem Horoskopformular auf Seite 82 einzeichnen.

Die Ermittlung der Aspekte ist das Komplizierteste bei der Horoskoperstellung, lohnt sich aber, weil Aspekte sehr interessante Aufschlüsse geben, wie unsere Deutungsübersicht zeigt. Machen Sie sich also diese Mühe, und Sie werden viele zusätzlichen Informationen erhalten. Wie Sie bei der Deutung vorgehen, wird ab Seite 93 erklärt.

Die Deutung der Gestirnstände ist einfach: Sie brauchen nur in der Liste »Gestirnstände« bei jedem Gestirn nachsehen, welches Tierkreiszeichen vor der Positionsangabe steht, und können dann in der Deutungsübersicht (ab Seite 94) nachsehen, welche Schlüsse daraus zu ziehen sind.

Ein Beispielhoroskop

Um Ihnen die Sache zu verdeutlichen, wollen wir an einem Beispiel zeigen, wie ein Horoskop erstellt und gedeutet wird. Wir wählen das Horoskop eines Mannes, der in der ersten Hälfte unseres Jahrhunderts hohes Ansehen errungen hat. Er wurde am 14. Januar 1875 um 23.52 Uhr in Kaysersberg/Elsaß geboren.

Alle aus den Tabellen ermittelten Gradangaben tragen wir in die Liste »Gestirnstände« ein. Sie sieht in unserem Fall folgendermaßen aus:

☉	♐ 23/293	♃	♏ 01/211
☽	♈ 26/26	♄	♒ 14/314
☿	♐ 24/294	☊	♌ 14/134
♀	♐ 14/254	♆	♈ 28/28
♂	♏ 14/224	♇	♉ 21/51

Als nächstes übertragen wir die auf 360 Grad bezogenen (rechts stehenden) Werte dieser Liste in die Spalte »Position« der Liste »Aspekte« und berechnen dann die Abstände der Gestirne, indem wir jeweils die kleinere von der größeren Zahl abziehen. Schließlich ermitteln wir anhand der einzelnen Ergebnisse, ob und welche Aspekte gegeben sind, und kennzeichnen sie in unserer Liste. Das sieht in unserem Beispielhoroskop dann so aus:

Position		☽	☿	♀	♂	♃	♄	☊	♆	♇
☉	293	93 □	01 ☌	39	69 ✳	82 □	21	159	95 □	118 △
☽	26	✕	92 □	132	162	175 ☍	72	108	02 ☌	25
☿	294		✕	40	70	83 □	20	160	94 □	117 △
♀	254			✕	30	43	60 ✳	120 △	134	157
♂	224				✕	13	90 □	90 □	164	173 ☍
♃	211					✕	103	77	177 ☍	160
♄	314						✕	180 ☍	74	97
☊	134							✕	106	84
♆	28								✕	23
♇	51									✕

Zum Schluß können wir das Horoskopformular ausfüllen, indem wir Gestirnstände und Aspekte einzeichnen. Unser Beispielhoroskop für den am 14. Januar 1875 Geborenen sieht folgendermaßen aus:

Ein Blick auf das ausgefüllte Horoskopformular läßt erkennen, daß spannungsgeladene Aspekte (Quadrat und Opposition) überwiegen: Hier spiegelt sich ein Leben, das von tiefem Ernst und ausgeprägtem Pflichtbewußtsein getragen war und in dem nichts geschenkt wurde, sondern jeder Erfolg hart erarbeitet und erkämpft werden mußte. In die gleiche Richtung weist das Sonnenzeichen Steinbock, das Arbeit, Pflichterfüllung, Idealismus und wirklichkeitsbezogenen Ehrgeiz symbolisiert. Das Aszendentenzeichen Waage signalisiert musikalische Begabung, eine Tätigkeit in der und für die Gemeinschaft und wiederum mit Verletzlichkeit gepaartem Ehrgeiz. Willenskraft und Durchsetzungsvermögen, Organisationstalent und Ideenreichtum verraten die Tierkreiszeichen, in denen Mond, Mars, Saturn und Uranus stehen; Gedankenreichtum, Idealismus und Altruismus symbolisieren die Zeichen von Venus, Saturn und Neptun.

Präziser werden Wesensbild und Schicksal, wenn wir die Aspekte hinzuziehen. Die Konjunktion von Sonne und Merkur verweist auf einen forschenden, bohrenden Geist, der auf dem von ihm erwählten Fachgebiet zum Pionier werden kann. Daß die Konjunktion im Zeichen Steinbock erfolgt, deutet auf Mühen und Schwierigkeiten hin, in der Jugend ebenso wie im späteren Werdegang. Die Nähe von Sonne und Merkur kennzeichnet den Individualisten, der mit seinem stark subjektiven Denken anecken kann, aber auch überzeugend zu reden (und schreiben) vermag. Der Mond im Zeichen Widder verweist auf ein Wirken für die Gemeinschaft, das aber von Mühen und Enttäuschungen begleitet ist, wie das Quadrat Mond/Sonne und die Opposition Mond/Mars andeuten. Gemeinschaftssinn und mitfühlende Hilfsbereitschaft spiegelt auch die Konjunktion von Mond und Neptun. Andere Aspekte signalisieren ein Streben nach Horizonterweiterung, tiefgreifende Umbrüche im Leben und ein sich im Ausland erfüllendes Geschick.

Die Rede ist hier von dem 1875 im Elsaß geborenen und 1965 in Lambarene (Gabun) gestorbenen »Urwalddoktor« und Friedensnobelpreisträger Albert Schweitzer. Aus bescheidenen Verhältnissen stammend, wurde er streng von einem Großonkel erzogen. Er studierte Theologie und wurde als Orgelinterpret der Werke J. S. Bachs bekannt, doch 1905 gab er seine Stellung als Hilfsprediger und Privatdozent in Straßburg unvermittelt auf, um Medizin zu studieren. Unter größten Schwierigkeiten gründete er 1913 als Missionsarzt in Gabun ein »Urwaldhospital« und wurde zum – allerdings vielfach angefeindeten – Pionier der Tropenmedizin. Trotz seiner unbezweifelbaren Verdienste wurden ihm Anerkennung und Ehrungen erst gegen Ende seines Lebens zuteil. 1952 wurde ihm der Friedens-Nobelpreis zugesprochen.

Horoskopformular

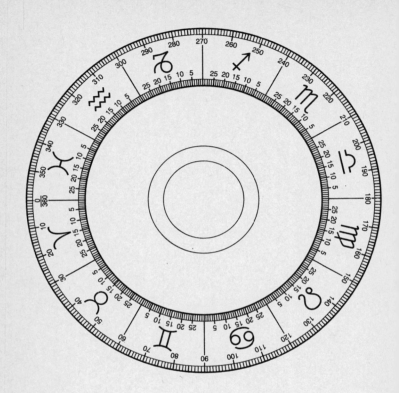

Gestirnstände

☉	/	♃	/
☽	/	♄	/
☿	/	⚷	/
♀	/	♅	/
♂	/	♇	/

Aspekte

Position	☽	☿	♀	♂	♃	♄	♁	♆	♇
☉									
☽	✕								
☿		✕							
♀			✕						
♂				✕					
♃					✕				
♄						✕			
♁							✕		
♆								✕	
♇									✕

Kennzeichnung der Aspekte

Wie die Aspekte ermittelt werden, lesen Sie bitte auf Seite 77 nach. Welche Wirkungsbreite Aspekte haben können, erfahren Sie ab Seite 105.

Aspekt	*Einzeichnung in*	
	Aspektetabelle	*Horoskopformular*
Konjunktion (0°)	☌	⌒
Sextil (60°)	✶	· · · · · · · · · · · · · · · (blau)
Quadrat (90°)	☐	——————————— (rot)
Trigon (120°)	△	– – – – – – – – – – – (blau)
Opposition (180°)	☍	←——————————→ (rot)

Horoskop für: _____

geboren am: _____ in: _____

Geburtszeit: _____ MEZ = _____ WZ = _____ OZ

Aszendent: _____

Gestirnstände am 17. Juli

Die Sonne (☉) steht an diesem Tag durchschnittlich in 24° Krebs = 114° auf dem Gesamtkreis unseres Horoskopformulars. Die übrigen Gestirnstände Ihres Geburtshoroskops finden Sie in der folgenden Tabelle unter Ihrem Geburtsjahr, links jeweils die Stände in den Tierkreiszeichen, rechts den Stand auf dem 360° umfassenden Gesamtkreis des Horoskopformulars. Den exakten Mondstand können Sie mit Hilfe der Tabelle auf S. 88 ermitteln.

Jahr	☿		♀		♂		♃		♄		⛢		♆		♇	
1900	♌	15/135	♋	11/101	♊	14/ 74	♐	1/241	♑	0/270	♐	9/249	♊	28/ 88	♊	17/ 77
1901	♋	18/108	♌	14/134	♎	2/182	♑	6/276	♑	12/282	♐	13/253	♊	30/ 90	♊	18/ 78
1902	♋	3/ 93	♊	20/ 80	♊	27/ 87	♒	15/315	♑	25/295	♐	18/258	♋	2/ 92	♊	19/ 79
1903	♋	12/102	♍	9/159	♎	19/199	♓	23/353	♒	7/307	♐	22/262	♋	4/ 94	♊	20/ 80
1904	♌	2/122	♋	26/116	♋	11/101	♈	28/ 28	♒	19/319	♐	27/267	♋	6/ 96	♊	21/ 81
1905	♌	16/136	♊	8/ 68	♏	14/224	♉	29/ 59	♓	2/332	♑	1/271	♋	8/ 98	♊	22/ 82
1906	♌	20/140	♍	1/151	♋	23/113	♊	27/ 87	♓	15/345	♑	6/276	♋	11/101	♊	23/ 83
1907	♌	6/126	♋	7/ 97	♑	10/280	♋	23/113	♓	27/357	♑	10/280	♋	13/103	♊	24/ 84
1908	♋	8/ 98	♋	8/ 98	♌	6/126	♌	18/138	♈	10/ 10	♑	15/285	♋	15/105	♊	25/ 85
1909	♋	5/ 95	♌	15/135	♓	28/358	♍	12/162	♈	23/ 23	♑	19/289	♋	17/107	♊	26/ 86
1910	♋	20/110	♊	20/ 80	♌	17/137	♎	7/187	♉	6/ 36	♑	23/293	♋	19/109	♊	27/ 87
1911	♌	7/127	♍	8/158	♉	1/ 31	♏	5/215	♉	18/ 48	♑	28/298	♋	21/111	♊	28/ 88
1912	♌	19/139	♋	27/117	♌	30/150	♐	6/246	♊	1/ 61	♒	2/302	♋	24/114	♊	29/ 89
1913	♌	17/137	♊	9/ 69	♉	21/ 51	♑	12/282	♊	13/ 73	♒	6/306	♋	26/116	♋	0/ 90
1914	♋	23/113	♍	2/152	♍	12/162	♒	20/320	♊	26/ 86	♒	10/310	♋	28/118	♋	1/ 91
1915	♋	3/ 93	♋	8/ 98	♊	8/ 68	♓	29/359	♋	8/ 98	♒	15/315	♋	30/120	♋	2/ 92
1916	♋	11/101	♋	5/ 95	♍	26/176	♉	3/ 33	♋	21/111	♒	19/319	♌	2/122	♋	3/ 93
1917	♋	29/119	♌	16/136	♊	22/ 82	♊	3/ 63	♌	3/123	♒	23/323	♌	4/124	♋	4/ 94
1918	♌	14/134	♊	21/ 81	♎	12/192	♋	1/ 91	♌	15/135	♒	27/327	♌	6/126	♋	6/ 96

Jahr								
1919	7/ 97 ♋	8/128 ♌	1/331 ♓	27/147 ♌	26/116 ♋	6/ 96 ♋	8/158 ♍	20/140 ♌
1920	8/ 98 ♋	11/131 ♌	5/335 ♓	9/159 ♍	21/141 ♌	3/213 ♏	28/118 ♋	10/130 ♌
1921	9/ 99 ♋	13/133 ♌	9/339 ♓	21/171 ♍	16/166 ♍	19/109 ♋	9/ 69 ♊	11/101 ♋
1922	10/100 ♋	15/135 ♌	13/343 ♓	2/182 ♎	11/191 ♎	11/251 ♐	2/152 ♍	4/ 94 ♋
1923	11/101 ♋	17/137 ♌	17/347 ♓	14/194 ♎	11/251 ♐	1/121 ♌	8/ 98 ♋	17/107 ♋
1924	12/102 ♋	19/139 ♌	21/351 ♓	26/206 ♎	17/287 ♑	5/335 ♓	2/ 92 ♊	7/127 ♌
1925	13/103 ♋	21/141 ♌	25/355 ♓	8/218 ♏	26/326 ♒	13/133 ♌	16/136 ♌	18/138 ♌
1926	15/105 ♋	23/143 ♌	29/359 ♓	19/229 ♏	3/ 3 ♈	21/ 21 ♈	21/ 81 ♊	19/139 ♌
1927	16/106 ♋	25/145 ♌	3/ 3 ♈	1/241 ♐	7/ 37 ♉	25/145 ♌	8/158 ♍	28/118 ♋
1928	17/107 ♋	28/148 ♌	7/ 7 ♈	13/253 ♐	7/ 67 ♊	15/ 45 ♉	28/118 ♋	5/ 95 ♋
1929	18/108 ♋	30/150 ♌	11/ 11 ♈	25/265 ♐	5/ 95 ♋	8/158 ♍	3/153 ♍	9/ 99 ♋
1930	19/109 ♋	2/152 ♍	15/ 15 ♈	7/277 ♑	30/120 ♋	2/ 62 ♊	9/ 99 ♋	26/116 ♋
1931	21/111 ♋	4/154 ♍	19/ 19 ♈	20/290 ♑	25/145 ♌	21/171 ♍	29/ 89 ♊	11/131 ♌
1932	22/112 ♋	6/156 ♍	23/ 23 ♈	2/302 ♒	19/169 ♍	17/ 77 ♊	17/137 ♍	21/141 ♌
1933	23/113 ♋	8/158 ♍	27/ 27 ♈	14/314 ♒	15/195 ♎	6/186 ♎	22/ 82 ♊	13/133 ♌
1934	24/114 ♋	10/160 ♍	1/ 31 ♉	27/327 ♒	13/223 ♏	1/ 91 ♋	8/158 ♍	15/105 ♋
1935	26/116 ♋	13/163 ♍	5/ 35 ♉	10/340 ♓	16/256 ♐	23/203 ♎	29/119 ♋	3/ 93 ♋
1936	27/117 ♋	15/165 ♍	9/ 39 ♉	22/352 ♓	22/292 ♑	14/104 ♋	9/ 69 ♊	16/106 ♋
1937	28/118 ♋	17/167 ♍	13/ 43 ♉	5/ 5 ♈	1/331 ♓	22/232 ♏	3/153 ♍	4/124 ♌
1938	30/120 ♋	19/169 ♍	17/ 47 ♉	18/ 18 ♈	9/ 9 ♈	26/116 ♋	10/100 ♋	17/137 ♌
1939	1/121 ♌	21/171 ♍	21/ 51 ♉	1/ 31 ♉	12/ 42 ♉	1/301 ♒	27/ 87 ♊	20/140 ♌
1940	2/122 ♌	23/173 ♍	25/ 55 ♉	13/ 43 ♉	11/ 71 ♊	9/129 ♌	18/138 ♍	3/123 ♌
1941	4/124 ♌	25/175 ♍	29/ 59 ♉	26/ 56 ♉	8/ 98 ♋	8/ 8 ♈	23/ 83 ♊	7/ 97 ♋
1942	5/125 ♌	27/177 ♍	3/ 63 ♊	8/ 68 ♊	3/123 ♌	20/140 ♌	7/157 ♍	6/ 96 ♋
1943	6/126 ♌	30/180 ♍	7/ 67 ♊	21/ 81 ♊	28/148 ♌	6/ 36 ♉	30/120 ♋	22/112 ♌
1944	8/128 ♌	2/182 ♎	12/ 72 ♊	3/ 93 ♋	23/173 ♍	3/153 ♍	10/ 70 ♊	11/131 ♌
1945	9/129 ♌	4/184 ♎	16/ 76 ♊	16/106 ♋		26/ 56 ♉		20/140 ♌

85

Jahr	☿	♀	♂	♃	♄	♅	♆	♇
1946	♌ 16/136	♍ 4/154	♍ 16/166	♎ 19/199	♋ 28/118	♊ 20/ 80	♎ 6/186	♌ 11/131
1947	♋ 20/110	♋ 10/100	♊ 11/ 71	♏ 18/228	♌ 10/130	♊ 24/ 84	♎ 8/188	♌ 12/132
1948	♋ 4/ 94	♊ 25/ 85	♍ 30/180	♐ 20/260	♌ 22/142	♊ 28/ 88	♎ 10/190	♌ 14/134
1949	♋ 13/103	♌ 18/138	♊ 26/ 86	♑ 28/298	♍ 4/154	♋ 2/ 92	♎ 13/193	♌ 15/135
1950	♌ 1/121	♊ 23/ 83	♎ 16/196	♓ 7/337	♍ 16/166	♋ 6/ 96	♎ 15/195	♌ 17/137
1951	♌ 15/135	♍ 7/157	♋ 9/ 99	♈ 14/ 14	♍ 27/177	♋ 11/101	♎ 17/197	♌ 19/139
1952	♌ 21/141	♌ 0/120	♏ 9/219	♉ 16/ 46	♎ 9/189	♋ 15/105	♎ 19/199	♌ 20/140
1953	♌ 7/127	♊ 10/ 70	♋ 22/112	♊ 16/ 76	♎ 21/201	♋ 19/109	♎ 21/201	♌ 22/142
1954	♋ 9/ 99	♍ 4/154	♐ 27/267	♋ 12/102	♏ 3/213	♋ 23/113	♎ 23/203	♌ 24/144
1955	♋ 5/ 95	♋ 11/101	♌ 4/124	♌ 7/127	♏ 15/225	♋ 28/118	♎ 25/205	♌ 25/145
1956	♋ 21/111	♊ 23/ 83	♓ 20/350	♍ 2/152	♏ 26/236	♌ 2/122	♎ 28/208	♌ 27/147
1957	♌ 8/128	♌ 19/139	♌ 16/136	♍ 27/177	♐ 8/248	♌ 6/126	♎ 30/210	♌ 29/149
1958	♌ 19/139	♊ 24/ 84	♈ 27/ 27	♎ 23/203	♐ 20/260	♌ 11/131	♏ 2/212	♍ 1/151
1959	♌ 18/138	♍ 6/156	♌ 28/148	♏ 22/232	♑ 2/272	♌ 15/135	♏ 4/214	♍ 3/153
1960	♋ 24/114	♌ 1/121	♉ 19/ 49	♐ 26/266	♑ 14/284	♌ 20/140	♏ 6/216	♍ 5/155
1961	♋ 4/ 94	♊ 10/ 70	♍ 11/161	♒ 3/303	♑ 27/297	♌ 24/144	♏ 9/219	♍ 6/156
1962	♋ 10/100	♍ 5/155	♊ 5/ 65	♓ 12/342	♒ 9/309	♌ 29/149	♏ 11/221	♍ 8/158
1963	♋ 27/117	♋ 12/102	♍ 24/174	♈ 19/ 19	♒ 22/322	♍ 3/153	♏ 13/223	♍ 10/160
1964	♌ 14/134	♊ 21/ 81	♊ 21/ 81	♉ 21/ 51	♓ 4/334	♍ 8/158	♏ 15/225	♍ 12/162
1965	♌ 21/141	♌ 20/140	♎ 9/189	♊ 19/ 79	♓ 17/347	♍ 12/162	♏ 17/227	♍ 14/164
1966	♌ 11/131	♊ 24/ 84	♋ 4/ 94	♋ 16/106	♓ 30/360	♍ 17/167	♏ 19/229	♍ 16/166
1967	♋ 13/103	♍ 6/156	♎ 29/209	♌ 11/131	♈ 12/ 12	♍ 21/171	♏ 22/232	♍ 19/169
1968	♋ 5/ 95	♌ 2/122	♋ 17/107	♍ 5/155	♈ 25/ 25	♍ 26/176	♏ 24/234	♍ 21/171
1969	♋ 18/108	♊ 11/ 71	♐ 2/242	♎ 0/180	♉ 8/ 38	♎ 1/181	♏ 26/236	♍ 23/173
1970	♌ 5/125	♍ 5/155	♋ 29/119	♎ 27/207	♉ 21/ 51	♎ 5/185	♏ 28/238	♍ 25/175
1971	♌ 17/137	♋ 12/102	♒ 22/322	♏ 27/237	♊ 3/ 63	♎ 10/190	♐ 0/240	♍ 27/177
1972	♌ 20/140	♊ 19/ 79	♌ 12/132	♑ 1/271	♊ 16/ 76	♎ 14/194	♐ 3/243	♍ 30/180

Jahr								
1973	2/182 ♎	5/245 ♐	19/199 ♎	28/88 ♊	9/309 ♒	16/16 ♈	20/140 ♌	30/120 ♋
1974	4/184 ♎	7/247 ♐	24/204 ♎	10/100 ♋	18/348 ♓	23/143 ♌	25/85 ♊	5/95 ♋
1975	7/187 ♎	9/249 ♐	28/208 ♎	23/113 ♋	23/23 ♈	11/41 ♉	5/155 ♍	7/97 ♋
1976	9/189 ♎	12/252 ♐	3/213 ♏	5/125 ♌	25/55 ♉	6/156 ♍	2/122 ♌	26/116 ♋
1977	12/192 ♎	14/254 ♐	8/218 ♏	17/137 ♌	23/83 ♊	30/60 ♉	11/71 ♊	12/132 ♌
1978	14/194 ♎	16/256 ♐	12/222 ♏	29/149 ♌	19/109 ♋	19/169 ♍	6/156 ♍	20/140 ♌
1979	17/197 ♎	18/258 ♐	17/227 ♏	11/161 ♍	14/134 ♌	15/75 ♊	13/103 ♋	14/134 ♌
1980	19/199 ♎	20/260 ♐	22/232 ♏	23/173 ♍	9/159 ♍	4/184 ♎	18/78 ♊	17/107 ♋
1981	22/202 ♎	23/263 ♐	26/236 ♏	4/184 ♎	4/184 ♎	29/89 ♊	21/141 ♌	4/94 ♋
1982	24/204 ♎	25/265 ♐	1/241 ♐	16/196 ♎	1/211 ♏	21/201 ♎	26/86 ♊	14/104 ♋
1983	27/207 ♎	27/267 ♐	5/245 ♐	28/208 ♎	1/241 ♐	12/102 ♋	4/154 ♍	2/122 ♌
1984	29/209 ♎	29/269 ♐	10/250 ♐	10/220 ♏	6/276 ♑	16/226 ♏	3/123 ♌	17/137 ♌
1985	2/212 ♏	2/272 ♑	15/255 ♐	22/232 ♏	14/314 ♒	25/115 ♋	12/72 ♊	21/141 ♌
1986	5/215 ♏	4/274 ♑	19/259 ♐	3/243 ♐	23/353 ♓	16/286 ♑	6/156 ♍	4/124 ♌
1987	7/217 ♏	6/276 ♑	24/264 ♐	15/255 ♐	28/28 ♈	7/127 ♌	14/104 ♋	8/98 ♋
1988	10/220 ♏	8/278 ♑	28/268 ♐	27/267 ♐	29/59 ♉	1/1 ♈	17/77 ♊	7/97 ♋
1989	12/222 ♏	11/281 ♑	2/272 ♑	10/280 ♑	27/87 ♊	19/139 ♌	21/141 ♌	23/113 ♋
1990	15/225 ♏	13/283 ♑	7/277 ♑	22/292 ♑	23/113 ♋	3/33 ♉	26/86 ♊	10/130 ♌
1991	18/228 ♏	15/285 ♑	11/281 ♑	4/304 ♒	18/138 ♌	1/151 ♍	3/153 ♍	20/140 ♌
1992	20/230 ♏	17/287 ♑	16/286 ♑	17/317 ♒	12/162 ♍	23/53 ♉	4/124 ♌	17/137 ♌
1993	23/233 ♏	20/290 ♑	20/290 ♑	29/329 ♒	8/188 ♎	14/164 ♍	12/72 ♊	21/111 ♋
1994	25/235 ♏	22/292 ♑	24/294 ♑	12/342 ♓	5/215 ♏	9/69 ♊	6/156 ♍	4/94 ♋
1995	28/238 ♏	24/294 ♑	29/299 ♑	25/355 ♓	6/246 ♐	27/177 ♍	14/104 ♋	11/101 ♋
1996	1/241 ♐	26/296 ♑	3/303 ♒	7/7 ♈	11/281 ♑	24/84 ♊	16/76 ♊	1/121 ♌
1997	3/243 ♐	29/299 ♑	7/307 ♒	20/20 ♈	20/320 ♒	14/194 ♎	22/142 ♌	15/135 ♌
1998	6/246 ♐	1/301 ♒	11/311 ♒	3/33 ♉	28/358 ♓	7/97 ♋	27/87 ♊	21/141 ♌
1999	8/248 ♐	3/303 ♒	16/316 ♒	16/46 ♉	3/33 ♉	4/214 ♏	2/152 ♍	9/129 ♌

Mondstand am 17. Juli

Jahr		Wert	Jahr		Wert	Jahr		Wert	Jahr		Wert
1900	♓	24/354	1925	♊	11/ 71	1950	♌	15/135	1975	♏	9/219
1901	♌	7/127	1926	♎	11/191	1951	♐	28/268	1976	♓	17/347
1902	♐	13/253	1927	♒	22/322	1952	♉	16/ 46	1977	♌	2/122
1903	♈	14/ 14	1928	♋	7/ 97	1953	♍	30/180	1978	♐	10/250
1904	♍	1/151	1929	♐	1/241	1954	♈	6/306	1979	♉	1/ 31
1905	♑	28/298	1930	♈	1/ 1	1955	♊	19/ 79	1980	♍	7/157
1906	♊	3/ 63	1931	♌	13/133	1956	♏	7/217	1981	♑	22/292
1907	♎	4/184	1932	♐	28/268	1957	♓	20/350	1982	♊	1/ 61
1908	♒	22/322	1933	♉	22/ 52	1958	♋	27/117	1983	♎	22/202
1909	♋	18/108	1934	♍	21/171	1959	♐	11/251	1984	♒	27/327
1910	♏	22/232	1935	♒	4/304	1960	♈	27/ 27	1985	♋	12/102
1911	♓	26/356	1936	♊	20/ 80	1961	♏	10/160	1986	♏	22/232
1912	♌	14/134	1937	♏	12/222	1962	♑	18/288	1987	♈	14/ 14
1913	♑	9/279	1938	♓	12/342	1963	♊	3/ 63	1988	♌	17/137
1914	♉	12/ 42	1939	♋	25/115	1964	♎	18/198	1989	♑	3/273
1915	♍	17/167	1940	♐	11/251	1965	♓	0/330	1990	♉	15/ 45
1916	♒	5/305	1941	♉	1/ 31	1966	♋	8/ 98	1991	♎	4/184
1917	♋	0/ 90	1942	♍	3/153	1967	♏	25/235	1992	♒	7/307
1918	♏	2/212	1943	♑	16/286	1968	♈	8/ 8	1993	♊	23/ 83
1919	♓	9/339	1944	♊	3/ 63	1969	♌	21/141	1994	♏	7/217
1920	♋	25/115	1945	♎	21/201	1970	♐	29/269	1995	♓	25/355
1921	♐	21/261	1946	♒	24/324	1971	♉	17/ 47	1996	♋	27/117
1922	♈	21/ 21	1947	♋	7/ 97	1972	♍	28/178	1997	♐	13/253
1923	♍	1/151	1948	♏	25/235	1973	♒	11/311	1998	♈	29/ 29
1924	♑	16/286	1949	♈	11/ 11	1974	♊	19/ 79	1999	♍	15/165

Diese Mondstände sind für den durch Greenwich verlaufenden Nullmeridian auf 0 Uhr Weltzeit (WZ) berechnet. Da der Mond innerhalb einer Stunde seine Stellung im Tierkreis um etwa ein halbes Grad (in einem Tag um 14 Grad) verändert, müssen Sie für Ihr persönliches Horoskop den genauen Mondstand nach der Ortszeit Ihrer Geburt berechnen.

Dazu müssen Sie zuerst Ihre in Mitteleuropäischer Zeit (MEZ) angegebene Geburtszeit in Weltzeit umwandeln, indem Sie ganz einfach eine Stunde abziehen. Wenn Sie in einem Jahr mit Sommerzeit (*Deutschland:* 1916 bis 1918, 1949; *Deutschland und Österreich:* 1940 bis 1948, 1980 bis 1987; *Schweiz:* 1941, 1942, 1981 bis 1987) geboren sind, müssen Sie zwei Stunden abziehen.

Die Ortszeit (OZ) hängt von der geographischen Länge eines Ortes ab. Für jedes Grad östlicher Länge (vom Nullmeridian) müssen Sie zur Weltzeit 4 Minuten hinzuzählen. Wenn Sie die Länge Ihres Geburtsorts nicht kennen, sehen Sie in der Ortstabelle auf den Seiten 90/91 nach, ob der Ort dort aufgeführt ist. Falls nicht, wählen Sie einen auf dem gleichen Längengrad liegenden Ort (im Atlas nachsehen!) und zählen die dahinter angeführte Zahl von Minuten zu Ihrer in Weltzeit umgerechneten Geburtszeit hinzu. Jetzt kennen Sie den Zeitpunkt Ihrer Geburt in Ortszeit.

Die Ortszeit brauchen Sie, um Ihren Aszendenten und den genauen Mondstand für Ihr persönliches Horoskop ermitteln zu können. Zur Feststellung Ihres Aszendenten brauchen Sie lediglich auf unserer Grafik auf Seite 92 bei der errechneten Ortszeit nachzusehen.

Noch einmal ein wenig rechnen müssen Sie zur Ermittlung des Mondstands. Um Ihnen die Sache zu erleichtern, bringen wir unten eine Hilfstabelle. Tragen Sie zunächst Ihre Geburtszeit in Mitteleuropäischer Zeit (MEZ) in Spalte 1 ein. Ziehen Sie eine Stunde (in Jahren mit Sommerzeit 2 oder auch 3 Stunden) davon ab; jetzt haben Sie Ihre Geburtszeit in Weltzeit (WZ) für Spalte 2. Rechnen Sie aus oder schauen Sie in der Ortstabelle nach, wie viele Minuten je nach der geographischen Lage Ihres Geburtsorts hinzuzuzählen sind; tragen Sie die Minuten in Spalte 3 ein. Zählen Sie 2 (WZ) und 3 (Minuten) zusammen, damit erhalten Sie Ihre Geburtszeit in Ortszeit (OZ) für Spalte 4. Da der Mond seine Stellung im Tierkreis in jeder Stunde um rund ein halbes Grad verändert, müssen Sie, um die Ortszeit in Grad umzurechnen, die Ortszeit durch 2 teilen. Tragen Sie das Ergebnis in Spalte 5 ein. In Spalte 6 übernehmen Sie aus der Tabelle auf Seite 88 den auf 0 Uhr WZ berechneten Mondstand für Ihr Geburtsjahr. Zu diesen Werten zählen Sie die Grade hinzu, die Sie in Spalte 5 errechnet haben. Liegt das Ergebnis bei der Zahl links vom

Hilfstabelle zur Berechnung des Mondstands

Geburtzeit				Grad	Mondstand	
1	2	3	4	5	6	7
MEZ	WZ	Minuten	OZ	OZ:2	Tabelle	tatsächlich
=	+	=	½		/ =	/

Schrägstrich über 30, ziehen Sie davon 30 ab und setzen das nächste Tierkreiszeichen ein (siehe Tabelle Seite 75). Jetzt kennen Sie den genauen Mondstand zum Zeitpunkt Ihrer Geburt; tragen Sie den Stand in Spalte 7 ein. Diese Werte übernehmen Sie für die Gestirnstandliste auf Seite 82.

Beispiel

Geboren um 16.30 Uhr MEZ in Basel. 16.30 MEZ − 1 Stunde = 15.30 WZ. Hinzuzurechnen für Basel laut Ortstabelle 30 Minuten = 0.30 Stunden, also: 15.30 WZ + 0.30 = 16.00 OZ. 16 Stunden : 2 = 8 Grad, soviel muß zu den Gradangaben in der Mondstandstabelle hinzugezählt werden. Dort finden wir beispielsweise für den 1. 4. 1928 : ♍ 01/151. Wenn wir 8 Grad dazuzählen, erhalten wir ♍ 09/159. Erreicht das Ergebnis links vom Schrägstrich einen höheren Wert als 30, wird 30 abgezogen und das nächstfolgende Tierkreiszeichen eingesetzt, also z. B. für das Jahr 1929: ♐ 27/267 + 8 = ♐ 35/275 = ♑ 05/275. Für unser Rechenbeispiel sieht der Eintrag in der Hilfstabelle bei einer Geburt am 1. 4. 1928, 16.30 Uhr MEZ in Basel folgendermaßen aus:

1	2	3	4	5	6	7
16.30	= 15.30 +	0.30	= 16.00 ½	8°	♍ 01/151 =	♍ 09/159

Ortstabelle für den deutschsprachigen Raum

Zur Ermittlung von Mondstand und Aszendent Ihres persönlichen Horoskops müssen Sie die Ortszeit Ihrer Geburt kennen, die von der geographischen Länge Ihres Geburtsorts abhängt. Wenn Sie in der folgenden Tabelle Ihren Geburtsort nicht verzeichnet finden, suchen Sie eine ungefähr auf dem gleichen Längenkreis liegende Stadt (im Atlas nachsehen!) und zählen die dort angegebene Zahl von Minuten zu Ihrer in Weltzeit (WZ) umgerechneten Geburtszeit hinzu. Für jedes Grad östlicher Länge sind 4 Minuten zu addieren.

ORT	Min.	ORT	Min.	ORT	Min.
Aachen	24	Apolda	46	Baden-Baden	33
Aarau	32	Arosa	39	Bamberg	44
Allenstein	82	Aschaffenburg	37	Basel	30
Ansbach	42	Augsburg	44	Bautzen	58

ORT	Min.	ORT	Min.	ORT	Min.
Bayreuth	46	Göttingen	40	Mülheim/R.	32
Berlin	54	Gotha	43	München	46
Bern	30	Graz	69	Münster	31
Bielefeld	34	Hagen	30	Nordhausen	43
Bochum	29	Halberstadt	44	Nördlingen	42
Bonn	28	Halle/S.	44	Nürnberg	44
Bozen	45	Hamburg	40	Oldenburg	33
Brandenburg	50	Hannover	39	Osnabrück	32
Braunschweig	42	Heidelberg	35	Passau	54
Bregenz	39	Heilbronn	37	Pirmasens	30
Bremen	35	Helgoland	32	Plauen	49
Breslau	68	Hildesheim	40	Regensburg	48
Celle	40	Hof	48	Rosenheim	48
Chemnitz	52	Ingolstadt	46	Rostock	49
Cham	34	Innsbruck	46	Saarbrücken	28
Chur	38	Jena	46	Salzburg	52
Cottbus	57	Kaiserslautern	31	Schleswig	38
Danzig	75	Karlsruhe	34	Schweinfurt	41
Darmstadt	35	Kassel	38	Schwerin	46
Davos	39	Kempten	41	Speyer	34
Dessau	49	Kiel	41	Stettin	58
Dortmund	30	Klagenfurt	57	Steyr	58
Dresden	55	Köln	27	St. Gallen	38
Duisburg	27	Königsberg	82	Stralsund	52
Düsseldorf	27	Konstanz	37	Straßburg	31
Eisenach	41	Krefeld	26	Stuttgart	37
Emden	29	Kufstein	49	Traunstein	42
Erfurt	44	Lausanne	27	Trier	27
Erlangen	44	Leipzig	50	Ulm	40
Essen	28	Leoben	60	Vaduz	38
Esslingen	37	Lindau	39	Villach	55
Feldkirch	38	Linz	57	Weimar	45
Flensburg	37	Lübeck	43	Wesermünde	34
Frankfurt/M.	35	Ludwigshafen	34	Wien	66
Frankfurt/O.	58	Luxemburg	25	Wiesbaden	33
Freiburg/Br.	31	Luzern	33	Wittenberg	51
Freising	47	Magdeburg	47	Worms	34
Genf	25	Mainz	33	Würzburg	40
Gera	48	Mannheim	34	Zürich	34
Gießen	35	Marburg	35	Zweibrücken	29
Görlitz	60	Memel	84	Zwickau	50

Ihr Aszendent am 17. Juli

Wenn Sie nach der Anleitung auf den Seiten 88 und 89 Ihre Ihnen in Mitteleuropäischer Zeit (MEZ) bekannte Geburtszeit in Ortszeit (OZ) umgerechnet haben, können Sie entsprechend der ermittelten Ortszeit auf der folgenden Grafik Ihren Aszendenten direkt ablesen. Die Übergangszeiten von einem Tierkreiszeichen zum anderen sind Durchschnittswerte, die im Laufe der Jahre um einige Minuten differieren. Praktisch fällt das freilich kaum ins Gewicht, da die Geburtszeit nur selten auf die Minute genau bekannt ist.

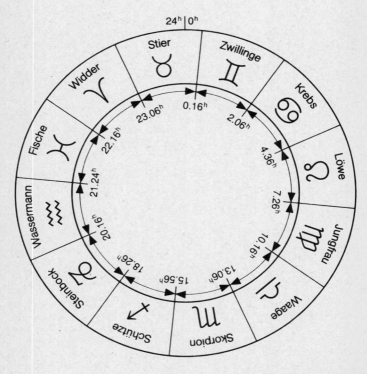

Die Deutung Ihres persönlichen Horoskops

Wie Sie durch das Tierkreiszeichen geprägt sind, in dem zum Zeitpunkt Ihrer Geburt die Sonne stand, haben Sie bereits im ersten Teil dieses Buches erfahren. Dort haben wir Ihnen auch gesagt, wie diese Prägekraft durch den Einfluß Ihres Aszendenten abgewandelt wird. Sonnenzeichen und Aszendent sind zwar die wichtigsten, aber bei weitem nicht die einzigen Elemente des Horoskops. Jede Aussage, die sich nur auf sie stützt, läßt eine Vielzahl von persönlichen Gegebenheiten außer Betracht; deren wichtigste spiegeln sich in den Gestirnständen des Individualhoroskops und den sich daraus ergebenden Aspekten, d. h. den Winkeln, die die Gestirne am Himmel und im Horoskop miteinander bilden.

Obwohl wir Sie nicht im »Schnellverfahren« zum Fachmann machen können, haben wir Ihnen doch auf den vorangegangenen Seiten die Hilfsmittel an die Hand gegeben, mit denen Sie Ihr persönliches Geburtshoroskop erstellen konnten. Zwar ist das Ergebnis nicht so präzis und ausführlich wie ein vom Fachastrologen erstelltes Horoskop, doch lassen sich auch daraus zahlreiche Aussagen ableiten, die weit über die Auskünfte der sogenannten Vulgärastrologie in Zeitungen und Zeitschriften hinausgehen. Damit Sie aus Ihrem persönlichen Horoskop Einsichten über sich gewinnen können, bringen wir auf den folgenden Seiten Deutungstabellen für die Gestirnstände und die Aspekte.

Als Grundlage für Ihre Horoskopdeutung nehmen Sie den ersten Teil unseres Buches, in dem Ihre allgemeine Prägung durch das Sonnenzeichen und den Aszendenten dargestellt ist. Darauf aufbauend fügen Sie die Aussagen zu den Gestirnständen und Aspekten Ihres persönlichen Horoskops wie ein Puzzle Stück für Stück zusammen. Praktisch gehen Sie dabei am besten so vor, daß Sie zunächst den Listen auf den Seiten 82 und 83 alle Gestirnstände und Aspekte Ihres persönlichen Horoskops entnehmen und daneben Punkt für Punkt die Aussagen niederschreiben, die Sie den Deutungstabellen entnehmen können. Vergleichen Sie dann alle Aussagen untereinander und mit den Auskünften, die Sie im ersten Teil unseres Buches erhalten haben. Übereinstimmungen weisen darauf hin, daß diese Aussagen für Sie von besonderem Gewicht sind. Widersprüche müssen nicht unbedingt sinnlos sein oder auf eine falsche Horoskopberechnung zurückgehen: Die meisten Menschen sind in mehr als einer Hinsicht voller Widersprüche, können sich beispielsweise im großen und ganzen rücksichtsvoll verhalten, aber in bestimmten Situationen sehr egoistisch und ungerecht reagieren. Bei ehrlicher Selbstprüfung werden Sie fast immer erkennen, daß Widersprüchlichkeiten in den Horoskopaussagen auf tatsächlich vorhandene Widersprüche bei Ihnen verweisen.

Lassen Sie sich Zeit bei der Deutung Ihres Horoskops, wägen Sie alle Aussagen gewissenhaft untereinander ab, und seien Sie sich selbst gegenüber ehrlich – auch und gerade dann, wenn Sie zu Einsichten kommen, die Ihnen nicht sonderlich schmeicheln. Denken Sie daran: Fehler und Schwächen kann man nur ausmerzen, wenn man sie erkennt und sie sich eingesteht. Nutzen Sie die Ihnen durch die Astrologie gebotene Möglichkeit, Ihre im Horoskop gespiegelten Stärken und Schwächen besser zu erkennen, neue Einsichten über sich zu gewinnen und mit Hilfe dieser Erkenntnisse Ihr Leben befriedigender und erfolgreicher zu gestalten!

Gestirnstände im Tierkreis

☽ MOND

Im Zeichen Widder: Energisch, impulsiv, eigenwillig, ehrgeizig, ichbezogen, aber auch unbedacht, wenig selbstkritisch und wenig anpassungsfähig. Durch voreiliges Handeln Verletzungsgefahr (Brüche, Verbrennungen usw.); Neigung zu Fieberanfällen und plötzlich auftretenden Erkrankungen.

Im Zeichen Stier: Gesellig, umgänglich, sinnenfreudig, oft kunstsinnig und charmant, manchmal sinnlich und von starker Erotik. Nicht selten übermäßig besitzergreifend und recht konservativ.

Im Zeichen Zwillinge: Geistig wendig, erlebnishungrig, reisefreudig, leicht beeindruckbar, sucht anregende Abwechslung. Manchmal oberflächlich, wenig ausdauernd, launenhaft und entschlußschwach, nervlich nicht sonderlich belastbar.

Im Zeichen Krebs: Sensibel, phantasievoll, fürsorglich, häuslich, häufig traditionsverhaftet und recht konservativ. Schließt sich gern anderen an. Nach außen freundlich, zurückhaltend, manchmal aber auch launenhaft.

Im Zeichen Löwe: Frohnatur mit ausgeprägtem Ich-Gefühl, offen und leidenschaftlich, kunstsinnig, gibt sich meist verbindlich. Leicht verletzbar. Kann aber auch eitel, überheblich und großspurig sein und pompöses Gehabe an den Tag legen.

Im Zeichen Jungfrau: Redegewandt, kritisch, geschäftstüchtig, aber ichbezogen, seelisch eher verschlossen, auf Distanz und die Wahrung konventioneller Formen bedacht. Leicht verletzlich. Bereitet sich manchmal durch übertriebene Sorgen Unsicherheit und Gesundheitsstörungen.

Im Zeichen Waage: Höflich, umgänglich, diplomatisch, redegewandt, künstlerische Neigungen, aber nicht unbedingt kreativ. Häufig wenig ausdauernd und entschlußschwach; unter Streß manchmal launenhaft und überkritisch.

Im Zeichen Skorpion: Zäh, energisch, tüchtig, leidenschaftlich, ehrlich, selbstkritisch. Häufig traditionsverhaftet, anderen gegenüber verschlossen und im Umgang eher schroff; auch launenhaft und bei verletztem Stolz sehr nachtragend.

Im Zeichen Schütze: Freiheitsliebend, impulsiv, flüssig im Ausdruck, beweglich bis rastlos, meist wenig ausdauernd, in materiellen Dingen unbedacht bis waghalsig. Oft aufrichtig bis zur Selbstschädigung. Fähigkeit zu intuitiven Einsichten.

Im Zeichen Steinbock: Zurückhaltend, ordnungsliebend, fleißig, gesunder Menschenverstand. Reagiert oft langsam auf Neues, unter Fremden unsicher bis schüchtern. Neigung zum Grübeln und zu Depressionen; kann nur schwer vergessen.

Im Zeichen Wassermann: Aufgeschlossen, kontaktfreudig, reiselustig, oft künstlerische und literarische Neigungen. Individualist, originell bis exzentrisch, unter Belastung nicht selten nervlich labil und unberechenbar. Manchmal innerlich einsam.

Im Zeichen Fische: Phantasie- und gemütvoll, beeindruckbar, intuitives Verständnis für andere. Wirkt oft verträumt bis phlegmatisch, entschlußschwach. Manchmal leicht zu entmutigen, launenhaft, nicht immer ehrlich. Sollte immer wieder von außen ermutigt werden.

☿ MERKUR

Im Zeichen Widder: Offen, selbstsicher, schlagfertig, ehrgeizig, gewandt im Ausdruck. Manchmal unüberlegt, aggressiv, kann andere verletzen. Tendenz zur Selbstüberschätzung, in den Planungen wenig gründlich und zu unbedachten Risiken bereit.

Im Zeichen Stier: Praktisch veranlagt, gründlich, ausdauernd, konservativ. Hat oft Sinn für Schönheit und Kunst (Musik). Eher gefühls- als verstandesbetont. Wenig flexibel bis starrsinnig. Lernt nicht leicht, hat aber ein gutes Gedächtnis.

Im Zeichen Zwillinge: Schlagfertig, beredt, geistig wendig, ideenreich, vielseitig interessiert, oft Fremdsprachenbegabung. Manchmal auch oberflächlich, leichtsinnig, bedenkenlos, durchtrieben, rasch wechselnde Meinungen, unzuverlässig.

Im Zeichen Krebs: Phantasie- und gefühlvoll, diplomatisch, gutes Gedächtnis. Manchmal nachtragend und engstirnig, etwas wirklichkeitsfremd, eher an der Vergangenheit als an den aktuellen Problemen und Erfordernissen der Gegenwart interessiert. Kann unter Fremden scheu und unsicher wirken.

Im Zeichen Löwe: Umgänglich, lebensfroh, selbstbewußt, ideenreich, ehrgeizig, hat Organisationstalent und Überzeugungskraft, strebt Führungsrolle an. Gefahr der Selbstüberschätzung, Neigung zu Jähzorn und Arroganz, Tendenz zum Bluffen.

Im Zeichen Jungfrau: Wendig, sachlich, gewissenhaft, kritisch. Manchmal allzu nüchtern und pedantisch, überkritisch nörgelnd, kleinkariert, auch geschwätzig; kann dann recht taktlos sein. Häufig Interesse an exakten Wissenschaften, Medizin und Ernährungswissenschaft.

Im Zeichen Waage: Vernunftbestimmt, kompromißbereit, ausdrucksgewandt, meist kunstsinnig. Gute Auffassungs- und Beobachtungsgabe, aber manchmal wenig gründlich, übersieht Unangenehmes. Gelegentlich auch oberflächlich und taktlos.

Im Zeichen Skorpion: Praktiker, scharfsinniger, gründlicher Denker, plant und handelt wirklichkeitsbezogen im Rahmen des Machbaren, findet oft intuitiv Problemlösungen. Eher wortkarg und ziemlich konservativ. Oft an Philosophie und Okkultismus interessiert. Gelegentlich unaufrichtig, sarkastisch und verletzend.

Im Zeichen Schütze: Offen, ideenreich, gerechtigkeitsliebend, flüssig im Ausdruck, selbstsicher, vorausschauend. Kann Anregungen gut zum eigenen Vorteil nützen. Manchmal auch überheblich, unzuverlässig, unkonzentriert.

Im Zeichen Steinbock: Systematisch, realistisch, kritisch, manchmal langsam in Denken und Gestik, phantasiearm, Neigung zum Grübeln und zu Depressionen, gelegentlich engstirnig und geizig, unaufrichtig und nachtragend.

Im Zeichen Wassermann: Ideenreich, intuitiv, umgänglich, freiheitsliebend, gute Urteilskraft, kann Sachverhalte gut erklären, hat meist ein gutes Gedächtnis. Zeigt wenig Gefühle. Manchmal voreilig im Reden und Handeln und eigensinnig.

Im Zeichen Fische: Gefühlsbetont, phantasievoll, gut im Ausdruck, meist gutherzig, aber Neigung zu Täuschung und Selbsttäuschung, empfindlich, auch vergeßlich. Wirkt nach außen hin oft verhalten, neigt zum Grübeln und zu Depressionen.

♀ VENUS

Im Zeichen Widder: Impulsiv, extravertiert, leidenschaftlich, selbstsicher, oft sportlich. Manchmal romantisch, in Liebe und Ehe wenig stabil, gelegentlich auch rastlos, bei ungünstigem Gesamthoroskop oberflächlich, rücksichtslos und streitsüchtig.

Im Zeichen Stier: Zärtlich, sinnlich, guter Gesellschafter, schönheitsliebend, schätzt die guten Dinge des Lebens (Gefahr von Übergewicht). Häufig besitzergreifend, leicht eifersüchtig, gelegentlich selbstsüchtig und verschwenderisch.

Im Zeichen Zwillinge: Liebt den Flirt und das Spekulieren, findet rasch Kontakt, hat vielseitige Bindungen. Zwischenmenschliche Beziehungen oft wenig stabil. Manchmal entscheidungsschwach und oberflächlich, auch berechnend.

Im Zeichen Krebs: Häuslich, fürsorglich, guter Gastgeber, phantasievoll, beeinflußbar. Geht nur zögernd Bindungen ein, ist treu. Manchmal Tendenz zu Gefühlsüberschwang und Launenhaftigkeit, sehr besitzergreifend.

Im Zeichen Löwe: Großherzig, aber egozentrisch, oft schöpferisch begabt. Stellt sich gern zur Schau, will andere beherrschen, steht gern im Mittelpunkt des Interesses. Neigung zu Genußsucht und Prachtliebe, Gefahr theatralischer Auseinandersetzungen.

Im Zeichen Jungfrau: Häufig kühl und verschlossen, anderen gegenüber überkritisch, berechnend; manchmal gehemmtes Gefühlsleben, Gefahr von Neurosen und Psychosen. Frühe erotische Enttäuschungen können zeitlebens nachwirken, wenn sie nicht seelisch aufgearbeitet, sondern lediglich ins Unbewußte abgedrängt werden.

Im Zeichen Waage: Kontaktfreudig, kunstliebend, oft kreativ, hat Geschmack, ist auf Harmonie bedacht. In zwischenmenschlichen Beziehungen manchmal wenig stabil. Hang zur Eitelkeit, Verschwendung, Verletzlichkeit und Rachsucht.

Im Zeichen Skorpion: Leidenschaftlich, oft sinnlich und triebstark, besitzergreifend und eifersüchtig. Liebt harmonische Schönheit, schätzt die guten Dinge des Lebens (Gefahr von Übergewicht), ist manchmal genußsüchtig.

Im Zeichen Schütze: Freiheitsliebend, oft wenig stabile zwischenmenschliche Beziehungen. Liebt meist Kunst und Musik. Findet rasch Kontakt. Ungewöhnliche erotische Bindungen möglich. Im Umgang mit Geld manchmal leichtsinnig.

Im Zeichen Steinbock: Zuverlässig, zurückhaltend mit Gefühlsäußerungen, meist treu, manchmal eifersüchtig. Oft tiefe Bindung an älteren oder sehr unterschiedlichen Partner. Enttäuschungen in der Partnerschaft möglich.

Im Zeichen Wassermann: Umgänglich, kontaktfreudig, freiheitsliebend, häufig unkonventionell. Zieht andere auf Distanz an, neigt zu freier Bindung oder später Heirat. Oft ziemlich flache Gefühlswelt.

Im Zeichen Fische: Tolerant, gefühlsbetont, hilfs- und opferbereit. Empfindsam, deshalb in materiellen Dingen oft unbedacht großzügig. Läuft Gefahr, ausgenützt zu werden.

♂ MARS

Im Zeichen Widder: Tatkräftig, vital, freiheitsliebend, starker Durchsetzungswille, oft starker Sexualtrieb. Neigung zu Ungeduld, Reizbarkeit, Egozentrik, Unbedachtsamkeit (Verletzungsgefahr).

Im Zeichen Stier: Entschlossen, selbstsicher, planend, auf materielle Absicherung bedacht. Fürsorglich, aber auch sehr besitzergreifend. Manchmal unnachgiebig, verliert selten die Fassung, ist dann aber schrecklich in seinem Zorn.

Im Zeichen Zwillinge: Vielseitig interessiert, geistig wendig, beredsam, rasche Auffassungsgabe. Häufig wenig ausdauernd und wechselnde Zielsetzung, deshalb Unstabilität und Brüche in Partnerschaft und Berufsleben möglich.

Im Zeichen Krebs: Ehrgeizig, ausdauernd, freiheitsliebend, eigenwillig, aber auch eigensinnig, aufbrausend und nicht immer offen. Schwankende Willens- und Gefühlskurven schaffen privat und beruflich oft Unruhe.

Im Zeichen Löwe: Ehrgeizig, begeisterungsfähig, hartnäckig, erfolgsorientiert, aber häufig sehr egozentrisch. Oft leidenschaftlicher Liebhaber, neigt zu Übertreibungen und zu forciertem Kräfteeinsatz bei Widerständen. Meist großzügig.

Im Zeichen Jungfrau: Verstandesorientiert, überlegt, geschäftstüchtig, manchmal überkritisch und reizbar. Gefahr der Verzettelung in Details und der mangelnden Ausdauer; Sorgen können zu psychosomatischen Erkrankungen führen.

Im Zeichen Waage: Gutmütig, verletzbar, rasch entflammbare Gefühle. Manchmal eitel und launisch, schwankende Willens- und Energiekurven. Ehrgeizig, aber wenig ausdauernd. Sucht Harmonie und Geborgenheit. Kann sich unwillentlich Feinde schaffen.

Im Zeichen Skorpion: Dynamisch und leidenschaftlich, oft manuell geschickt, kann Willen und Kräfte konzentriert einsetzen, dabei Gefahr der Rücksichtslosigkeit. Enttäuschungen wecken Rachsucht. Übertreibt manchmal beim Essen und Trinken.

Im Zeichen Schütze: Geistig wendig, tatkräftig, reise- und abenteuerlustig, oft sportlich und redegewandt. Manchmal wenig ausdauernd, voreilig, streitlustig, kritiksüchtig und offen bis zur Selbstschädigung.

Im Zeichen Steinbock: Ehrgeizig, willensstark, ausdauernd, gezielter Kräfteeinsatz; opfert notfalls das Privatleben dem sozialen und beruflichen Aufstieg. Kann aber auch rücksichtslos, egozentrisch, überheblich und unbeherrscht sein.

Im Zeichen Wassermann: Verstandesorientiert, oft wissenschaftlich interessiert, freiheitsliebend, impulsiv und eigenwillig, rasche Reaktionsfähigkeit. Starrsinn und Aufsässigkeit können zu Konflikten mit der Umwelt führen.

Im Zeichen Fische: Hilfsbereit, auf Harmonie bedacht, doch können Ängste und Unsicherheit zu aggressivem Verhalten führen. Tendenz zu Heimlichkeiten. Zersplitterung von Zielen und Kräften kann Mißerfolge bringen.

♃ JUPITER

Im Zeichen Widder: Optimistisch, tatkräftig, freiheits- und gerechtigkeitsliebend, setzt sich für Ideale ein, haßt Bevormundung. Oft impulsiv und ungeduldig, Neigung zur Starrköpfigkeit und zu unbedachtem Drängen.

Im Zeichen Stier: Zuverlässig, gutmütig, auf materielle Sicherung bedacht, beständig, zielstrebig, meist gutes Urteilsvermögen. Schätzt materielle Annehmlichkeiten, deshalb Gefahr der Genußsucht.

Im Zeichen Zwillinge: Wendig, vielseitig interessiert, auf Horizonterweiterung bedacht (meist sehr reisefreudig), erfinderisch, gewandt im Umgang. Gefahr der Oberflächlichkeit und Zersplitterung sowie rasch wechselnder Ansichten und Ziele.

Im Zeichen Krebs: Verständnisbereit, vorsichtig abwägend, auf materielle Sicherung bedacht, intuitiv, phantasievoll, aber auch geschäftstüchtig. Meist umgänglich und großzügig. Liebt Annehmlichkeiten (Gefahr von Ernährungsfehlern und Übergewicht).

Im Zeichen Löwe: Hilfsbereit, Organisations- und Führungstalent, offen, auf sozialen und beruflichen Aufstieg bedacht. Steht gern im Mittelpunkt. Gefahr der Großsprecherei, Vergnügungssucht und Extravaganz.

Im Zeichen Jungfrau: Sachlich-kritisch, gewissenhaft, oft übertrieben skeptisch. Liebt die Gesellschaft unkonventioneller Menschen. Bei ungünstigem Gesamthoroskop Gefahr der Unbedachtsamkeit; Anfälligkeit des Verdauungstrakts und der Leber.

Im Zeichen Waage: Gesellig, auf Ausgleich bedacht, selbstbewußt, oft künstlerisch begabt. Liebt verfeinerten Lebensstil, schätzt gute Partnerschaft. Oft wenig eigenständig, beeinflußbar, Gefahr von Selbsttäuschungen.

Im Zeichen Skorpion: Willensstark, ausdauernd, ehrgeizig, auf persönliche Durchsetzung bedacht, leidenschaftlich. Kann sich für andere energisch einsetzen, aber Gefahr der Egozentrik, Selbstüberschätzung und Überheblichkeit.

Im Zeichen Schütze: Optimistisch, an Neuem interessiert, oft sportlich, tierliebend, reisefreudig. Auf Ungebundenheit bedacht (Gefahr wiederholter Partner- und Stellungswechsel). Manchmal unbedachte Spielernatur.

Im Zeichen Steinbock: Verantwortungsbewußt, ehrgeizig, konventionell, ausdauernd, manchmal starrköpfig. Meist sparsam bis geizig. Oft mühevolle Entfaltung der eigenen Persönlichkeit und Erfolg nur durch harte Arbeit.

Im Zeichen Wassermann: Idealistisch, tolerant, meist gesellig, gerechtigkeitsliebend, selbständig. Förderung durch Freunde möglich; oft öffentliche Position. Manchmal schwankende Zielsetzung, Aufsässigkeit gegenüber Vorgesetzten.

Im Zeichen Fische: Gefühls- und phantasiebetont, mitfühlend, gastfreundlich, hilfs- und opferbereit, Neigung zu Okkultem und Mystischem. Gefahr der Unentschlossenheit, Unzuverlässigkeit und der Nachgiebigkeit sich selbst gegenüber.

♄ SATURN

Im Zeichen Widder: Organisatorisch begabt, erstrebt Führerrolle, scheut aber Verpflichtungen. Manchmal eigensinnig, überkritisch, ohne Geduld und Ausdauer. Kann egoistisch und rücksichtslos sein, neigt bei Rückschlägen zu Depressionen.

Im Zeichen Stier: Willensstarker Realist, methodisch, ausdauernd und vorsichtig, zuverlässig. Im Gefühlsausdruck verhalten, wirkt oft etwas langsam und lethargisch, im sprachlichen Ausdruck manchmal gehemmt. Sparsam bis geizig.

Im Zeichen Zwillinge: Verstandesorientiert, konzentriert, hält sich gewissenhaft an Spielregeln. Entwicklungshemmung durch frühe Probleme möglich. Manchmal überängstlich, gehemmt, entschlußschwach, Neigung zu Depressionen.

Im Zeichen Krebs: Konservativ, zurückhaltend, sparsam, auf Alterssicherung bedacht. Manchmal verlangsamte Entwicklung, Unzufriedenheit durch Enttäuschungen, dann Neigung zu Argwohn, Pessimismus und Selbstbemitleidung. Bei Rückschlägen Gefahr der Flucht in eine wirklichkeitsfremde Traumwelt.

Im Zeichen Löwe: Willensstark, zielstrebig, selbstbewußt, besitzergreifend, oft eifersüchtig und wenig zärtlich. Gefahr der Selbstüberschätzung und Rücksichtslosigkeit. Seelische Verhärtung und frühe Impotenz bzw. Frigidität möglich.

Im Zeichen Jungfrau: Methodisch, logisch, vorsichtig, praktisch und gewissenhaft, auf körperliche Fitneß und materielle Alterssicherung bedacht. Manchmal pedantisch; Zurückdrängung des Gefühlslebens möglich.

Im Zeichen Waage: Umgänglich, zuverlässig, geduldig, vernunftorientiert, gerechtigkeitsliebend, kann andere gut beurteilen. Oft künstlerisch begabt. Durch Gefühlshemmungen Anpassungsprobleme in Partnerschaft und Ehe möglich.

Im Zeichen Skorpion: Entschlossen, ausdauernd, oft überzeugungsstark. Meist wenig flexibel, Neigung zum Grübeln, zeigt tiefe Gefühle nur selten (Möglichkeit sexueller Hemmungen). Wünscht sich eine »Mission« im Leben.

Im Zeichen Schütze: Mutig, aufrichtig, offen, kann andere beeinflussen, erstrebt Führungsposition (oft in der Öffentlichkeit). Kann intensiv und ausdauernd lernen; häufig tiefe Gedankenwelt. Manchmal auch zynisch und taktlos.

Im Zeichen Steinbock: Ehrgeizig, diszipliniert, ernst und zäh. Häufig schwere Jugend und nur langsamer Aufstieg. Ist manchmal allzusehr auf Anerkennung durch die Umwelt bedacht; in solchen Fällen besteht die Gefahr eines egoistischen Machtstrebens, verbunden mit Arroganz und Eigensinn.

Im Zeichen Wassermann: Pragmatisch, scharfer Beobachter, kann andere beeinflussen. Unabhängigkeitsdrang kann zur Vereinsamung führen; häufig nur wenige gute Freunde. Origineller wissenschaftlicher Geist, oft an Okkultem interessiert.

101

Im Zeichen Fische: Anpassungsfähig, sehr sensibel, opferbereit, hält sich gern im Hintergrund. Manchmal unsicher, grüblerisch, wenig Durchsetzungsvermögen, macht sich unnötig Sorgen, leidet an tiefgründenden Angst- und Schuldgefühlen.

♅ URANUS

Im Zeichen Widder: Originell, willensstark, aber nicht unbedingt ausdauernd, erstrebt führende Position, freiheitsliebend. Hemmnisse können zu Gefühlsexplosionen führen. Wagemutig, manchmal unbedacht und unberechenbar.

Im Zeichen Stier: Entschlossen, arbeitsam, eigenwillig, hartnäckig. Oft bemerkenswerte Stimme. Manchmal zu wenig anpassungsbereit, starrköpfig und verbissen. Erkrankungen von Kehlkopf, Herz und Genitalsystem möglich.

Im Zeichen Zwillinge: Ideenreich, gewandt im Ausdruck, überzeugungsstark, origineller Denker, oft wissenschaftlich begabt. Manchmal Gefahr nervlicher Überreiztheit und Schwierigkeiten bei der Erreichung gesteckter Ziele.

Im Zeichen Krebs: Mitfühlend, empfindsam, beeindruckbar. Oft an schönem Zuhause und gutem Essen interessiert, künstlerisch oder musikalisch begabt. Manchmal unsicher, launisch, exzentrisch und unberechenbar.

Im Zeichen Löwe: Originell, oft Führungsqualitäten, die aber nicht immer richtig eingesetzt werden. Auf Unabhängigkeit bedacht, häufig künstlerisch begabt. Kann sich manchmal arrogant und ausgefallen benehmen, um zu beeindrucken.

Im Zeichen Jungfrau: Sich selbst und anderen gegenüber manchmal überkritisch, kann ausgefallene Ansichten über Gesundheit und Ernährung vertreten und ungewöhnliche Lebensweise, Diäten und Kuren verfechten (»Wunderheiler«).

Im Zeichen Waage: Ausdrucksstark, gerechtigkeitsliebend, starker Wunsch nach harmonischer Partnerschaft privat und beruflich; dennoch sind Partnerschaftsprobleme möglich, ebenso häufigere Auseinandersetzungen mit Freunden.

Im Zeichen Skorpion: Willensstark, klug bis schlau, kann sich für Sachen und Ideen einsetzen. Gefühlsstark, oft von magnetischer Anziehungskraft. Auf leibliche Genüsse bedacht. Gefahr von Gefühlsverklemmungen und Rachsucht.

102

Im Zeichen Schütze: Beweglich, umgänglich, entschlußfreudig, oft originell und planvoll handelnd. Schätzt kultivierten Genuß. Gefahr von Rastlosigkeit, Aufsässigkeit und nervlicher Überspanntheit; auf Mäßigung achten.

Im Zeichen Steinbock: Willensstarke Kämpfernatur mit Organisationstalent, oft starke, zielbewußte Persönlichkeit. Es besteht die Gefahr des Machthungers, der Rücksichtslosigkeit und Aufsässigkeit; manchmal Neigung zu Entgleisungen.

Im Zeichen Wassermann: Originell, ideenreich, selbständig, auf Harmonie und Gleichberechtigung bedacht. Meist umgänglich und beliebt. Hochgesteckte Ziele können nicht immer erreicht werden, Enttäuschungen möglich.

Im Zeichen Fische: Einfühlsam, verständnisvoll, anpassungsfähig (Gefahr des Ausgenütztwerdens). Eher passiv, oft idealistisch, religiös veranlagt. Besondere Begabung zum Ausdruck menschlicher Empfindungen.

♆ NEPTUN

Im Zeichen Zwillinge: Phantasievoll, idealistisch, aber häufig unpraktisch, Gefahr der Phantasterei, Neigung zu Engstirnigkeit und Schwatzhaftigkeit. Häufig Interesse für Okkultes, Mystisches, fremde Religionen.

Im Zeichen Krebs: Verträumt, oft wirklichkeitsfremd, liebt Luxus und materielle Annehmlichkeiten; häufig Interesse für Antiquitäten. Bei Frauen: Meist liebevoll, aber gelegentlich allzu nachsichtig (besonders als Mutter).

Im Zeichen Löwe: Freiheitsliebend, wagemutig, setzt sich oft für Ideale ein. Kann kreativ veranlagt sein. Durch ungünstige Aspekte kann die Gefahr schwächlicher Feigheit oder egoistischer Rücksichtslosigkeit angezeigt sein.

Im Zeichen Jungfrau: Verständnisvoll, intuitiv, steht orthodoxen Religionen und Anschauungen kritisch gegenüber. Oft Organisationstalent, aber auch Gefahr einer Neigung zu Bequemlichkeit und Gleichgültigkeit.

Im Zeichen Waage: Idealistisch, manchmal wirklichkeitsfremd, Hang zur Selbsttäuschung und Wirklichkeitsflucht (Alkohol-, Drogengefahr). Manchmal wenig ausgeprägtes Pflichtbewußtsein.

Im Zeichen Skorpion: Gerechtigkeitsliebend, oft daran interessiert, Verborgenes oder Mängel aufzudecken. Gefahr der Unaufrichtigkeit und Grausamkeit.

Im Zeichen Schütze: Scharfsinnig, geistig wendig, häufig großes Interesse für utopische Vorstellungen, aber auch allgemein für Geisteswissenschaften, Philosophie und Religion.

Im Zeichen Steinbock: Intuitiv und idealistisch, aber mit praktischer, realitätsbezogener Einstellung. Kann jedoch im persönlichen Bereich auch berechnend und unaufrichtig sein, um den eigenen Vorteil zu wahren.

♇ PLUTO

Im Zeichen Zwillinge: Scharfsichtig, scharfsinnig, selbstsicher, meist einfallsreich und wagemutig. Gefahr der Unstabilität im beruflichen und privaten Leben (Stellen- und Partnerwechsel).

Im Zeichen Krebs: Phantasievoll, einfühlsam, reiches Innenleben, oft gutes Gedächtnis. Setzt sich für neue Ideen ein. Gefahr der ichbezogenen Isolierung, der Intoleranz und Unzuverlässigkeit.

Im Zeichen Löwe: Kreativ, meist geschäftstüchtig und Wunsch nach Beeinflussung oder Beherrschung anderer Menschen. Manchmal sehr ichbezogen und empfindlich, gibt sich aus innerer Unreife arrogant und schwierig.

Im Zeichen Jungfrau: Meist selbstkritisch, denkt und handelt problemorientiert. Interessiert sich oft für Gesundheit, Medizin, Psychiatrie. Kann zu beachtlichen materiellen Erfolg kommen.

Im Zeichen Waage: Vorwiegend verstandesorientiert, ist bemüht, auftretende Probleme vernünftig zu lösen und störende Emotionen herauszuhalten.

Im Zeichen Skorpion: Mutig, entschlossen, tatkräftig, aber auch eigenwillig, manchmal fanatisch und verbissen. Sehr leidenschaftlich, gelegentlich drängende Triebhaftigkeit.

Anmerkung zu Neptun und Pluto: Diese Planeten brauchen sehr lange, um die Sonne einmal zu umrunden (Neptun über 164 Jahre, Pluto mehr als 247 Jahre). Deshalb haben sie, von der Erde aus gesehen, in unserem Jahrhundert nicht den ganzen Tierkreis durchlaufen. Unsere Übersicht bringt die von 1900 bis 1999 durchlaufenen Tierkreiszeichen.

Aspekte und ihre Deutung

Gestirne bilden Aspekte, wenn sie am Himmel und dementsprechend im Horoskop bestimmte Abstände (Winkelgrößen) aufweisen. Hauptaspekte sind Konjunktion (0°), Sextil (60°), Quadrat (90°), Trigon (120°) und Opposition (180°). Bei der Horoskopdeutung ist jedoch zu beachten, daß Aspekte nicht gradgenau (exakt) sein müssen, sondern eine gewisse Wirkungsbreite (Orbis) haben. In unserer Übersicht ist bei jedem Aspekt in Klammern angegeben, innerhalb welcher Winkelabstände er noch wirksam ist.

Sextil und Trigon gelten als harmonische, Quadrat und Opposition als disharmonische Aspekte, während eine Konjunktion je nach den aspektbildenden Gestirnen harmonisch oder disharmonisch sein kann.

Konjunktionen

⊙ SONNE

Sonne/Mond (± 15°): Bei günstigem Gesamthoroskop Hinweis auf geistige Ausgewogenheit, positive Anlagen für Partnerschaft. Bei ungünstigem Gesamthoroskop Neigung zu Eigenwilligkeit bis Sturheit. Merkur und Venus im gleichen Tierkreiszeichen: unausgewogen, wenig anpassungsfähig, Ausbildung stereotyper Gewohnheiten.

Sonne/Merkur (± 6–12°): Klares Denken, gutes Urteilsvermögen, redegewandt, Glück auf Reisen. (Weniger als ± 6°): Mangelnde Anpassungsfähigkeit, Neigung zu Vorurteilen, subjektives Denken, im Ausdruck oft gehemmt.

Sonne/Venus (± 12°): Intensives Gefühlsleben, meist umgänglich, warmherzig, verfeinerter Geschmack, oft künstlerisch oder musikalisch begabt. Bei schwachem Willen Gefahr von Unselbständigkeit, Verweichlichung und Genußsucht.

Sonne/Mars (± 12°): Aktive Kämpfernatur oder starkes, impulsives Gefühlsleben, eigenwillig, sehr aktiv. Durch Unbedachtsamkeit Gefahr von Verletzungen, Neigung zu fiebrigen oder entzündlichen Erkrankungen. Manchmal Überanstrengung infolge Selbstüberschätzung, Tendenz zu Trotz und Starrsinn.

Sonne/Jupiter (± 12°): Optimistisch, großzügig, tolerant, selbstsicher, meist erfolgreich in Beruf und Gesellschaft. Gutes Durchsetzungsvermögen, häufig kultiviert und humorvoll. Meist körperlich widerstandsfähig.

Sonne/Saturn (± 12°): Oft einsame, schwere Jugend, Körperbehinderung möglich, ebenso Probleme oder Kontaktlosigkeit mit dem Vater. Meist ernstes Wesen, Neigung zur Abkapselung, depressiv. Erfolge sind möglich, müssen aber erkämpft werden.

Sonne/Uranus (± 11°): Freiheitsliebend, eigenwillig, unkonventionell, manchmal auch trotzig und kauzig. Unstabilität im privaten und beruflichen Leben (Reisen, Trennungen); Aufregungen und starke seelische Spannungen wahrscheinlich.

Sonne/Neptun (± 10°): Sensibel, beeinflußbar, oft künstlerisch kreativ. Häufig anfällige Gesundheit, Gefahr von Medikamentenmißbrauch, Drogen, Alkohol, von Skandalen und Verleumdung. Späte Ehe oder früher Partnerverlust möglich.

Sonne/Pluto (± 10°): Selbstbewußt, Streben nach führender Position; Gefahr der Selbstüberschätzung und von Auseinandersetzungen mit Vorgesetzten oder Behörden. Durch Neigung zu Übertreibungen Unfallgefahr. Starke Unruhe und Unrast im Leben möglich.

☽ MOND

Mond/Merkur (± 12°): Gefühlsbestimmt, phantasievoll, sensibel, flüssig im Ausdruck, reiselustig, oft literarisch interessiert. Bei günstigem Gesamthoroskop gute Nerven. Bei ungünstigem Gesamthoroskop überkritisch, wankelmütig, schwatzhaft.

Mond/Venus (± 12°): Umgänglich, gesellig, kultiviert, oft kunstsinnig, häufig charmant, Harmonie in Partnerschaft. Meist ausgewogene Persönlichkeit. Gefahr der Ichbezogenheit und Eitelkeit. Starker Einfluß der Liebe auf das persönliche Schicksal möglich.

Mond/Mars (± 12°): Energisch, wagemutig, unternehmungslustig, oft optimistisch, manchmal launisch, etwas aggressiv. Bei ungünstigem Gesamthoroskop unbedacht bis tollkühn, seelische Spannungen, Auflehnung und Extremhandlungen möglich.

Mond/Jupiter (± 12°): Gesellig, großzügig, hilfsbereit, tatkräftig, beliebt. Veränderungslust, oft geschäftstüchtig. Gefahr der Selbstüberschätzung, Vertrauensseligkeit, Verschwendungssucht; häufig sehr eigenwillig oder auch recht eigensinnig.

Mond/Saturn (± 12°): Realistisch, pflichtbewußt, fleißig, praktisch veranlagt, sparsam bis geizig. Oft schwere Jugend, langsamer Aufstieg, Partnerschaftsprobleme. Manchmal kleinlich, überkritisch. Für Erkrankungen von Verdauungstrakt, Leber und Galle anfällig.

Mond/Uranus (± 11°): Sehr freiheitsliebend (Partnerschaftsprobleme), erregbar, oft unausgeglichen. Unkonventionell, schwer beeinflußbar. Originelle bis exzentrische Lebensführung. Gefahr der Selbstschädigung durch Maßlosigkeit.

Mond/Neptun (± 10°): Empfindsam, gefühlsstark, hilfsbereit; Tendenz zum Gefühlsüberschwang in beiden Richtungen und zur Launenhaftigkeit. Gefahr der Eigenbrötelei, Unzufriedenheit, problematische Partnerschaften.

Mond/Pluto (± 10°): Impulsiv, häufig unbedacht, innerlich wenig ausgeglichen, meist triebstark. Gefahr plötzlicher Gefühls- und Stimmungsschwankungen. Bei günstigem Gesamthoroskop sozialer Aufstieg und Popularität möglich.

☿ MERKUR

Merkur/Venus (± 10°): Gesellig, umgänglich, feinfühlig, meist seelisch ausgewogen, verfeinert im Ausdruck, kunstsinnig, oft musikalisch. Kann gut mit jungen Menschen umgehen, wirkt selbst recht jugendlich.

Merkur/Mars (± 10°): Geistig wendig, freimütig, aber auch streitbar bis verletzend offen. Konzentrierter Denker, Gefahr der Überarbeitung. Kann sich durch schroffes Verhalten Feinde schaffen, viele Reibereien möglich.

Merkur/Jupiter (± 9°): Optimistisch, intelligent, meist gutmütig, hilfsbereit, kunstsinnig, vielseitig interessiert. Bei Selbstüberschätzung und Starrsinnigkeit Gefahr der Abkapselung.

Merkur/Saturn (± 9°): Bei günstigem Gesamthoroskop tatkräftig, fleißig, methodisch, ausdauernd. Bei ungünstigem Gesamthoroskop langsamer Aufstieg, verzögerte Persönlichkeitsentfaltung, Abkapselung, Tendenz zu Pessimismus und Depressionen.

Merkur/Uranus (± 8°): Freiheitsliebend, originell bis exzentrisch, eigenwillig bis starrsinnig, häufig kreativ begabt, ausgeprägter Individualist. Gefahr der Überheblichkeit und mangelnder Anpassungsfähigkeit.

Merkur/Neptun (± 7°): Umgänglich, einfühlsam, geistig wendig, häufig kreative Phantasie. Neigung zur Selbsttäuschung und zu unkontrolliert impulsivem Handeln. Oft Hang zum Okkulten.

Merkur/Pluto (± 7°): Meist gewandt im Ausdruck, überzeugungskräftig, sehr reiselustig; wechselvolles Leben möglich. Gefahr der Selbstschädigung und der Schädigung anderer bei ungünstigem Gesamthoroskop.

♀ VENUS

Venus/Mars (± 10°): Sinnenfroh, neigt zu Lebensgenuß und erotischen Abenteuern; oft empfindsam, reizbar. Gefahr von Übertreibungen und mangelnder Zärtlichkeit; Gefühlsverwirrungen möglich.

Venus/Jupiter (± 9°): Großzügig, meist geschmackvoll, oft charmant und herzlich und deshalb bei den Mitmenschen beliebt. Kommt mit dem anderen Geschlecht in der Regel gut zurecht. Nicht selten kunstsinnig oder künstlerisch begabt.

Venus/Saturn (± 9°): Pflichtbewußt, zurückhaltend mit Gefühlsäußerungen; Gefahr des Kontaktmangels und der Triebhemmung. Probleme in einer erotischen Partnerschaft möglich (Bindung als belastende und lästige »Pflichterfüllung«).

Venus/Uranus (± 8°): Seelisch angespannt, Gefühlsausbrüche und Launen möglich. Freiheitsliebend; Hang zu unverbindlichen erotischen Abenteuern. Gefahr der Überspanntheit. Bei künstlerischer Begabung große Originalität.

Venus/Neptun (± 7°): Sensibel, phantasievoll, oft tierliebend, an Kunst interessiert. Gefahr übergroßer Nervosität und großer innerer Unsicherheit, gesundheitlich anfällig, Tendenz zur Abkapselung. Kann ein problematischer Partner sein.

Venus/Pluto (± 7°): In Liebesdingen oft fanatisch, aber sexuelle Verklemmung möglich; Gefahr plötzlicher Trennungen, Liebeskonflikte. Tendenz zu Verschwendung und Ausschweifung. Glückliche Hand in Gelddingen möglich.

♂ MARS

Mars/Jupiter (± 9°): Tatkräftig, offen, entschlußfreudig, konzentriert, meist geschickter Taktiker und glückliche Hand mit Geld. Kann ohne eigene Schuld in Streitigkeiten hineingezogen werden. Gefahr der Unbedachtsamkeit und Tollkühnheit.

Mars/Saturn (± 9°): Körperbehinderungen und Verletzungsanfälligkeit (Haut, Knochen, Zähne) möglich. Kann gegen sich und andere hart sein. Gefahr der Selbstsucht und starker innerer Spannungen; jähe Trennungen möglich.

Mars/Uranus (± 8°): Aktiv, Gefahr der Überanstrengung. Eigenwillig bis intolerant und aggressiv. Unfallgefahr, bei ungünstiger Konstellation Nervenzusammenbruch möglich. Übertriebener Unabhängigkeitsdrang kann Probleme schaffen.

Mars/Neptun (± 7°): Phantasievoll, Neigung zu gefühlsbetonten Künsten, begeisterungsfähig, aber auch unbedacht, meist wenig ausdauernd. Oft idealistische Ziele, aber Scheitern und innere Unzufriedenheit möglich.

Mars/Pluto (± 7°): Starke Gefühlsspannungen, Gefahr nervlicher Überspanntheit. Manchmal voreilig oder unbeherrscht. Bei ungünstigem Gesamthoroskop Gefahr gewaltsamer Eingriffe in Gesundheit und persönliches Schicksal.

♃ JUPITER

Jupiter/Saturn (± 9°): Ausdauernd, fleißig, aber oft nur mühsame Erfolge, daher Gefahr materieller Entbehrungen, innerer Unzufriedenheit, von Neid oder Eifersucht.

Jupiter/Uranus (± 8°): Unabhängigkeitsliebend, ichbezogen, hartnäckig bis zum Starrsinn. Körperlich meist kräftig und zäh. Tendenz zu Auflehnung und Partnerschaftskrisen; Trennungen und Berufswechsel möglich.

Jupiter/Neptun (± 7°): Idealistisch, feinfühlig, einfühlsam, reiches Gefühlsleben, oft musikalisch oder künstlerisch veranlagt. Bei günstigem Gesamthoroskop materielle Erfolge wahrscheinlich; bei ungünstigem Gesamthoroskop Gefahr von Skandalen.

Jupiter/Pluto (± 7°): Je nach Position im Tierkreis Fähigkeit zum Bruch mit der Vergangenheit und gutem Neubeginn; auch Führungsqualitäten, aber Gefahr der Überheblichkeit. Bei Spekulationen Vorsicht!

♄ SATURN

Saturn/Uranus (± 8°): Ehrgeizig, zäh, eigenwillig, aber auch herrisch und aggressiv. Nervlich oft angespannt, Gefahr von Depressionen und Krisen in Partnerschaft und Ehe; jähe Trennungen möglich.

Saturn/Neptun (± 7°): Oft idealistisch und künstlerisch begabt, manchmal geschäftstüchtig und guter Taktiker. Gefahr starker Ichbezogenheit mit Triebhemmungen und seelischen Konflikten.

Saturn/Pluto (± 7°): Meist ausdauernd und zäh, aber oft unberechenbar. Gefahr körperlicher Schädigungen, materieller Verluste und schwerer Enttäuschungen.

♅ URANUS

Uranus/Neptun (± 6°): Eigenwillig, selbstbewußt, meist recht originell, aber doch umgänglich. Dieser Aspekt wird stark durch das Gesamthoroskop beeinflußt.

Uranus/Pluto (± 6°): Kann bei positivem Gesamthoroskop auf Führungsqualitäten, Tatendrang, starken Unabhängigkeitswillen verweisen, bei negativem Gesamthoroskop auf Gewalt, Umwälzungen, Trennungen.

♆ NEPTUN

Neptun/Pluto (± 5°): Einfühlsam, oft reiches Gefühlsleben und rege Phantasie; auch Neigung zum Okkulten oder zu Geheimlehren; Gefahr der Wirklichkeitsflucht, auch mit Hilfe von Alkohol und Drogen.

Quadrat und Opposition

☉ SONNE

Sonne/Mond (78–102°; 165–195°): Starke innere Spannungen zwischen Wünschen und Pflichten; häufig tiefwurzelnde Differenzen zwischen Eltern und Kindern; manchmal Gebundensein an einen Beruf, der nicht den eigenen Neigungen und Fähigkeiten entspricht.

Sonne/Venus (39–51°, Halbquadrat): Häufig künstlerisch begabt, Tendenz zu Gefühlsüberschwang, aber auch zur Heuchelei: Bei Frauen: sensibel und übernervös. Scheitern einer Ehe möglich.

Sonne/Mars (80–100°; 168–192°): Voreilig bis waghalsig, mangelnde Voraussicht (Unfallgefahr). Neigt zu Überanstrengung, aber auch zur Rücksichtslosigkeit gegenüber anderen, manchmal taktlos und streitsüchtig.

Sonne/Jupiter (80–100°; 168–192°): Abenteuerlustig bis leichtsinnig, respektlos bis aufsässig und rebellisch. Gefahr der Selbstüberschätzung, Verschwendung, Selbstschädigung durch Fehlverhalten, auch Ernährungsschäden.

Sonne/Saturn (80–100°; 168–192°): Oft schwere Kindheit, verzögerte Entfaltung, gesundheitliche Belastung. Mangelndes Durchsetzungsvermögen; alle Erfolge müssen schwer erarbeitet werden.

Sonne/Uranus (81–99°; 169–191°): Eigenwillig bis exzentrisch, Gefahr der Selbstüberschätzung. Selbstschädigung durch unbedachte Impulsivität oder Starrsinn; häufig schwankende Ziele. Nervosität und Streßerkrankungen möglich.

Sonne/Neptun (81–99°); 170–190°): Wenig willensstark, mangelndes Selbstvertrauen, verworrene Phantasie, Tendenz zur Selbsttäuschung, stark beeinflußbar. Seelische Spannungen durch Enttäuschungen möglich.

Sonne/Pluto (81–99°; 170–190°): Starke innere Spannungen, durch die wichtige Persönlichkeitsbereiche blockiert werden können; manchmal nachtragend bis rachsüchtig.

☽ MOND

Mond/Merkur (79–101°; 168–192°): Schlau bis scharfsinnig, Gefahr der Schwatzhaftigkeit und Unaufrichtigkeit. Manchmal launisch und sprunghaft. Setzt sich jedoch für Schwächere ein, ist ein loyaler Freund.

Mond/Venus (80–100°; 168–192°): Unsicher im Urteil und im Ausdruck von Gefühlen, dadurch Spannungen und Enttäuschungen im Liebesleben. Versucht oft, Unsicherheit durch allzu forsches Auftreten zu überspielen.

Mond/Mars (80–100°; 168–192°): Impulsiv bis aggressiv, oft schnell beleidigt, streitsüchtig. Lehnt strenge Disziplin ab. Durch Übererregbarkeit Gefahr psychosomatischer Erkrankungen. Tendenz zu Nachlässigkeit und Ausschweifung möglich.

Mond/Jupiter (80–100°; 168–192°): Meist freundlich und beliebt, aber auch vorschnell und wenig verantwortungsbewußt. Kann zwischen übertriebener Askese und verschwenderischem Lebensgenuß schwanken. Gefahr von Lebererkrankungen.

Mond/Saturn (80–100°; 168–192°): Gehemmt, mangelndes Selbstvertrauen, fühlt sich unverstanden. Oft problematische oder unglückliche Beziehung zur Mutter. Häufig wesentlich älterer Lebenspartner (»Pflichtehe«), wenig Befriedigung in der unmittelbaren Lebenswelt.

Mond/Uranus (81–99°; 169–191°): Vielseitig interessiert, oft sehr begabt, aber eigenwillig bis starrsinnig, schwankende Ziele, zerrissene Gefühle, wenig zuverlässig. Neigt zu Übertreibungen (Nervenkrisen, Partnerschaftsprobleme).

Mond/Neptun (81–99°; 170–190°): Unsicher, wirre Zielsetzungen, Hang zur Selbsttäuschung, Gefühlsüberspannung. Manchmal Schädigung durch schlechten Umgang oder durch Vorliebe für rasches Geldverdienen.

Mond/Pluto (81–99°; 170–190°): Oft gefühlsgehemmt, vielleicht durch traumatische Erfahrungen in der Kindheit. Häufig geschäftstüchtig, aber unvorsichtig und impulsiv. Plötzliche Lebensänderungen können von außen aufgezwungen werden.

☿ MERKUR

Merkur/Venus (40–50°): Nur schwache Prägekraft; selbstzufrieden, oft nachlässig, anpassungsfähig, aber auch wetterwendisch.

Merkur/Mars (81–99°; 170–190°): Empfindlich, aggressiv, oft nörglerisch und streitsüchtig. Neigt zur Selbstüberschätzung. Unsicherheit kann durch allzu forsches Auftreten überspielt werden.

Merkur/Jupiter (81–99°; 171–189°): Oft künstlerisch begabt, ideenreich, aber wenig konzentriert, urteilsschwach; Neigung zu Selbstüberschätzung und Taktlosigkeit. Gefahr von finanziellen Verlusten, Skandalen, Leberschäden.

Merkur/Saturn (82–98°; 171–189°): Oft konservativ, unflexibel, schroff bis tyrannisch, Hang zur Abkapselung, Depressionen. Häufig entbehrungsreiche Kindheit, Einengungen. Keine oder nur wenige gute Freunde.

Merkur/Uranus (83–97°; 172–188°): Offen bis taktlos, voreilig, exzentrisch. Neigt zu Selbsttäuschungen, oft wenig beliebt. Manchmal nörglerisch und übernervös. Fehlhandlungen durch Unbedachtsamkeit möglich.

Merkur/Neptun (83–97°; 173–187°): Oft unrealistisches Denken, chaotische Gefühlswelt, auch mangelndes Selbstvertrauen und Hang zu Täuschungsmanövern. Meist wenig zuverlässig.

Merkur/Pluto (83–97°; 173–187°): Unbedacht und voreilig; verspricht viel, hält wenig. Tendenz zur Unaufrichtigkeit, kann, wenn ertappt, sehr bösartig werden.

♀ VENUS

Venus/Mars (81–99°; 170–190°): Oft übersensibel, Gefühlsspannungen, Enttäuschungen durch zu hochgesteckte Ziele. In Liebesbeziehungen häufig launisch und aggressiv, auch recht egoistisch.

Venus/Jupiter (82–98°; 171–189°): Ichbezogen, eitel, häufig träge, unzuverlässig, verschwenderisch. Gefühlsüberschwang, aber oft nur flache Liebesbeziehungen. Spielernatur; Gefahr materieller Einbußen.

Venus/Saturn (83–97°; 171–189°): Gefühlsarm, übertriebenes Pflichtgefühl; treu, aber hart und nüchtern. Häufig triebgehemmt; Spannungen mit der Mutter, späte oder keine Ehe; meist problematische Partnerschaft, harter Lebenskampf.

Venus/Uranus (83–97°; 172–188°): Oft freundlich, gutwillig, aber empfindlich und nervös; freiheitsliebend, starrsinnig. Unkonventionell, Partnerschaftsprobleme und tragische Trennungen möglich.

Venus/Neptun (83–97°; 173–187°): Entschlußschwach, Hang zu Täuschung und Selbsttäuschung; unklare Partnerschaften, Irrwege in der Liebe und Gefahr durch Gifte (auch Genußgifte) möglich.

Venus/Pluto (83–97°; 173–187°): Eine erotische Beziehung kann im Leben übermächtige Bedeutung erlangen. Enttäuschung möglich. Vorsichtige Zurückhaltung in finanziellen Dingen ratsam.

♂ MARS

Mars/Jupiter (82–98°; 171–189°): Unausgeglichen, oft unbedacht und verschwenderisch, ziellos, von Launen abhängig, neigt zu Übertreibungen. Ablehnung jeden Zwangs kann zu Problemen mit Vorgesetzten und Behörden führen.

Mars/Saturn (82–98°; 171–189°): Hart gegen sich und andere, oft egoistisch und intolerant. Erfolge müssen erkämpft werden. Körperliche Gewalteinwirkungen (Verletzungen, schwere Krankheiten) und Zwänge im Leben möglich.

Mars/Uranus (83–97°; 172–188°): Eigenwillig, freiheitsliebend bis aufsässig, nervös und reizbar. Zurückhaltend oder streitsüchtig aus innerer Unsicherheit. Wenig diplomatisch, haßt Routine. Tendenz zu Überarbeitung und Unfällen.

Mars/Neptun (83–97°; 173–187°): Weich bis feig, wenig Realitätssinn. Gefahr von Täuschungen und Skandalen. Manchmal Hang zur Flucht vor der Wirklichkeit, gefährdet durch Gifte, auch Genußgifte wie Alkohol und Nikotin, Drogen.

Mars/Pluto (83–97°; 173–187°): Hat mit Schwierigkeiten zu kämpfen, die oft rücksichtslos auf Kosten anderer überwunden werden. Manchmal Gefühlsballungen, Tendenz zu unbeherrschten Wutausbrüchen. Gefahr der seelischen und körperlichen Überanstrengung.

♃ JUPITER

Jupiter/Saturn (82–98°; 171–189°): Übertriebenes Pflichtgefühl; Erfolge müssen erkämpft werden. Manchmal rastlos und depressiv, wenig Phantasie und Initiative. Schwierigkeiten mit dem Vater, Entbehrungen und Enttäuschungen möglich.

Jupiter/Uranus (83–97°; 172–188°): Eigenwillig, selbstbewußt, offen bis zur Selbstschädigung, Hang zu Selbstüberschätzung und Nörgelei. Rastlos tätig, aber wenig verantwortungsfreudig. Viele Veränderungen im Leben wahrscheinlich.

Jupiter/Neptun (84–96°; 173–187°): Unentschlossen, unstet, Hang zur Selbsttäuschung. Materiell oft nur wenig erfolgreich, deshalb finanzielle Probleme im Leben wahrscheinlich.

113

Jupiter/Pluto (84–96°; 173–187°): Kann sich nur schwer unterordnen; manchmal Machtkomplexe und Verschwendungssucht, tendiert zur Ausnützung anderer. Negative Einflüsse von der oder auf die Umwelt möglich.

♄ SATURN

Saturn/Uranus (84–96°; 172–188°): Ichbezogen, launenhaft, ungeduldig, oft heftig, herausfordernd, taktlos und fanatisch bis hysterisch. Empfindet Arbeit als ungeliebte Pflicht. Muß im Leben kämpfen.

Saturn/Neptun (84–96°; 173–187°): Setzt sich manchmal utopische Ziele, kann unter Neurosen leiden. Möglichkeit von Verleumdungen und Verrat durch falsche Freunde.

Saturn/Pluto (84–96°; 173–187°): Egoistisch, fanatisch, dickköpfig; oft anstrengende Lebensumstände, die zu hartem Kämpfen zwingen. Gewaltsame Eingriffe in Gesundheit und Schicksal möglich.

♅ URANUS

Uranus/Neptun (85–95°; 174–186°): Übersensibel, verschwommen in Gefühlen und Zielen, Neigung zur Selbsttäuschung. Manchmal kann eine bedeutende künstlerische Begabung vorliegen.

Uranus/Pluto (85–95°; 174–186°): Starrsinnig bis fanatisch; häufig körperlich und nervlich stark angespannt. Viele Auseinandersetzungen mit der Umwelt und gewaltsame Eingriffe ins Leben möglich.

♆ NEPTUN

Neptun/Pluto (86–94°; 175–185°): Sehr phantasievoll, verschwommen in den Gefühlen, meist leicht beeinflußbar. Kann zur Selbsttäuschung und zur Wirklichkeitsflucht tendieren.

Sextil und Trigon

☉ SONNE

Sonne/Mond (49–71°; 108–132°): Meist innerlich ausgewogene, harmonische Persönlichkeit, friedliebend, eher zurückhaltend. Wenig ehrgeizig. Es besteht die Gefahr des Ausgenütztwerdens.

Sonne/Merkur (49–71°; 108–132°): Selbstsicher und daher ausgeglichen, flüssig im mündlichen und schriftlichen Ausdruck; kontaktfreudig und umgänglich.

Sonne/Venus (50–70°; 108–132°): Warmherzig, gefühlvoll, zärtlich. Meist ausgeprägter Schönheitssinn und guter Geschmack; schätzt eine harmonische, gepflegte Umgebung.

Sonne/Mars (51–69°; 110–130°): Energisch, entschlußfreudig, extravertiert, offen, meist mutig, häufig gute Führungsqualitäten. In der Regel ist die Gesundheit stabil.

Sonne/Jupiter (51–69°; 110–130°): Ruhig und überlegt, gutherzig, auf Horizonterweiterung (Lernen, soziale Kontakte, Reisen) bedacht; kann meist das Leben bewußt genießen und kommt häufig zu Erfolg.

Sonne/Saturn (51–69°; 110–130°): Ernst, diszipliniert, arbeitsam und ausdauernd. Wagemutig, aber auch verantwortungsbewußt. Kann sein Leben meist gut organisieren und gesteckte Ziele erreichen.

Sonne/Uranus (52–68°; 111–129°): Vorausschauend und wagemutig, oft mit Führungsqualitäten; gelegentlich aber allzu impulsiv bis tollkühn. Fühlt sich von unorthodoxen Ideen angezogen.

Sonne/Neptun (52–68°; 111–129°): Altruistisch, großzügig, läßt sich von seinem Gewissen leiten. Gefahr des Ausgenütztwerdens. Oft recht geistreich und künstlerisch begabt.

Sonne/Pluto (52–68°; 111–129°): Selbstsicher, konzentrationsfähig, kann seine Kräfte zielgerichtet einsetzen; oft darauf bedacht, Macht und Ansehen zu gewinnen.

☽ MOND

Mond/Merkur (50–70°; 109–131°): Rasche Auffassungsgabe, gesunder Menschenverstand, logisches Denken, daher flüssig im mündlichen und schriftlichen Ausdruck. Meist ist die Gesundheit stabil.

Mond/Venus (51–69°; 110–130°): Gute Auffassungsgabe, wacher Verstand, schönheits- und kunstsinnig. Meist gutmütig, anmutig, strebt nach Harmonie und wünscht Zärtlichkeit.

Mond/Mars (51–69°; 110–130°): Offen, aufrichtig, bestimmtes Auftreten, rasche Reaktionsfähigkeit. In der Regel lebensfroh, aber manchmal etwas allzu sorglos.

Mond/Jupiter (51–69°; 110–130°): Freundlich bis herzlich, tolerant und verständnisvoll, gewissenhaft, meist ausgesprochen gutmütig. Häufig geschäftstüchtig, bei anderen beliebt. Tierliebend.

Mond/Saturn (51–69°; 110–130°): Zurückhaltend, konservativ, vorsichtig, verantwortungsbewußt. Gutes Organisationstalent, handelt überlegt.

Mond/Uranus (52–68°; 111–129°): Eigenwillig, häufig sehr ehrgeizig, stark auf persönliche Unabhängigkeit bedacht, hat oft intuitive Einsichten. Gefahr plötzlicher Stimmungsumschwünge.

Mond/Neptun (52–68°; 111–129°): Feinfühlig, empfindsam, idealistisch, reiche Phantasie. Möchte im privaten und beruflichen Leben gern etwas Besonderes tun und sein.

Mond/Pluto (52–68°; 111–129°): Scharfsichtig und entschlossen, verfolgt klare Vorstellungen; neigt manchmal zu Gefühlsausbrüchen. Ungewöhnlich starke Mutterbindung möglich.

☿ MERKUR

Merkur/Venus (50–70°; 110–130°): Guter Geschmack und Schönheitssinn; schätzt eine gepflegte Umgebung und die schönen Dinge des Lebens. Kann sich in der Regel gut ausdrücken.

Merkur/Mars (52–68°; 111–129°): Offen, gewandtes Auftreten, entschlußfreudig, rascher Denker, wagemutig, aber manchmal auch tollkühn und voreilig. Meist gutes Gehör und scharfe Augen.

Merkur/Jupiter (52–68°; 111–129°): Auf Erweiterung des Horizonts und neue Kontakte bedacht, reisefreudig, wißbegierig, schlagfertig, meist umgänglich und bei den Mitmenschen beliebt.

Merkur/Saturn (53–67°; 112–128°): Gründlich, logischer Denker, ausdauernd bei der Verfolgung von Plänen und der Durchführung von Arbeiten, als zuverlässig beliebt; manchmal pedantisch.

Merkur/Uranus (54–66°; 113–127°): Einfallsreich, lebhaft bis rastlos, selbstsicher, wahrheitsliebend, meist offen, manchmal verletzend. In der Regel gutes Gedächtnis.

Merkur/Neptun (54–66°; 113–127°): Schöpferisch begabt, reiche Phantasie, setzt sich häufig für idealistische Ziele ein. Seelisch leicht verwundbar, aber nur selten nachtragend.

Merkur/Pluto (54–66°; 113–127°): Kann konzentriert denken; zurückhaltend und verschwiegen, manchmal auch verschlossen. Plötzliche Meinungsumschwünge möglich.

♀ VENUS

Venus/Mars (52–68°; 111–129°): Gefühlvoll, warmherzig, umgänglich, meist an Kunst interessiert. In Herzensdingen nicht unbedingt konstant, neigt zu flüchtigen Bindungen.

Venus/Jupiter (53–67°; 112–128°): Angenehmes Wesen, umgänglich und freundlich, bei den Mitmenschen beliebt. Nicht sonderlich mutig, manchmal etwas extravagant.

Venus/Saturn (54–66°; 113–127°): Sparsam, treu, opferbereit; manchmal jedoch zu nüchtern und allzu praktisch veranlagt. Gutgemeinte Bemühungen können Enttäuschungen bringen; Einsamkeit möglich.

Venus/Uranus (55–65°; 113–127°): Neugierig, kontaktfreudig, meist originelles Wesen und unkonventionelle Ansichten, häufig künstlerisch begabt. Kann sehr romantisch sein.

Venus/Neptun (55–65°; 113–127°): Empfindsam, kunstsinnig, oft musikliebend, manchmal etwas wirklichkeitsfremd. Lehnt eingefahrene Routine im Leben und in der Arbeit ab.

Venus/Pluto (55–65°; 113–127°): Leidenschaftlich und lebenshungrig (Gefahr von Unmäßigkeit und Übergewicht); ist trotz Lust an der Abwechslung meist ein treuer Partner.

♂ MARS

Mars/Jupiter (53–67°; 112–128°): Aktiv, unternehmungslustig, begeisterungsfähig, liebt Reisen und Abenteuer. Meist recht sportlich; manchmal künstlerisch veranlagt.

Mars/Saturn (53–67°; 112–128°): Ehrgeizig, tüchtig, ausdauernd, meist ein guter Organisator, auf eine erfolgreiche Karriere bedacht, aber dabei manchmal gegen andere rücksichtslos.

Mars/Uranus (53–67°; 113–127°): Selbstbewußt, entschlußfreudig, arbeitsam, geschickt zupackend; auf persönliche Unabhängigkeit bedacht und dabei gelegentlich schroff bis aufsässig.

Mars/Neptun (55–65°; 113–127°): Gefühlsstark, phantasiereich, hilfsbereit, neigt zu karitativer Betätigung; manchmal religiös sehr engagiert, setzt sich für Ideale ein.

Mars/Pluto (55–65°; 113–127°): Eigenwillig, aber sehr beherrscht; kann in Gefahren Todesmut und hohe Selbstlosigkeit zeigen, ist großer Krafteinsätze fähig.

♃ JUPITER

Jupiter/Saturn (53–67°; 112–128°): Abwägend, geduldig, gewissenhaft und pflichtbewußt. Ist sich der eigenen Grenzen bewußt. Erfolg im Leben und Beruf wahrscheinlich.

Jupiter/Uranus (53–67°; 113–127°): Optimistisch, hat Führungsqualitäten, ist einfallsreich, liebt Freiheit und Unabhängigkeit. Reger Geist; auf stete Horizonterweiterung bedacht.

Jupiter/Neptun (55–65°; 114–126°): Gutmütig, großzügig, hilft gern anderen. Nur selten nachtragend; meist religiös. Kann einen hilfsbedürftigen Partner haben.

Jupiter/Pluto (55–65°; 114–126°): Optimistisch, humorvoll, sieht den Dingen stets zuversichtlich entgegen, kann sich gut auf Neues und Überraschendes einstellen. Ist bestrebt, Macht ausüben zu können, aber nicht herrschsüchtig.

♄ SATURN

Saturn/Uranus (55–65°; 114–126°): Verantwortungsbewußt, ausdauernd, einfallsreich und zielstrebig, hat Führungsqualitäten. Ist tatkräftig, handelt dabei meist sehr überlegt.

Saturn/Neptun (55–65°; 114–126°): Vernunftorientiert, arbeitsam, hat Organisationstalent. Häufig zu Opfern bereit, kann Ideale in die Wirklichkeit umsetzen.

Saturn/Pluto (55–65°; 114–126°): Ausdauernd und hartnäckig, tüchtiger Arbeiter, kann sich im Leben gut durch berufliche und persönliche Krisensituationen »hindurchbeißen«.

♅ URANUS

Uranus/Neptun (56–64°; 115–125°): Freundlich im Umgang, kann sich in andere einfühlen, hat manchmal intuitive Einsichten; ist nicht selten am Okkulten interessiert.

Uranus/Pluto (56–64°; 115–125°): Schöpferisch, weitblickend, dem Neuen aufgeschlossen, manchmal revolutionär; stellt hohe Anforderungen an sich und ist sich selbst gegenüber ehrlich.

♆ NEPTUN

Neptun/Pluto (57–63°; 116–124°): Stark an Idealen interessiert, fühlt sich manchmal zu künstlerischem Schaffen berufen; ist in der Regel wenig auf materielle Erfolge bedacht.

III.
Meine Chancen
und Gefährdungen in den
kommenden Jahren

1988

Gleich die ersten drei Monate des Jahres bringen eine schwierige Zeit, die von Ihnen die Mobilisierung aller Kräfte verlangt und die Ihre Selbstbeherrschung und Disziplin auf so manche harte Probe stellen wird. Besonders Anfang Januar sollten Sie sich vor einer nutzlosen Vergeudung Ihrer Kräfte hüten und darauf achten, daß Sie sich nicht in risikoreiche Unternehmungen verstricken lassen. Wägen Sie jetzt jeden Ihrer Schritte sorgfältig ab, bleiben Sie besonnen und zielstrebig, denn Fehlschläge und Irrwege könnten Ihnen viel zu schaffen machen. Andererseits birgt diese Phase auch eine gewisse Wachstumschance, deren Früchte Sie erst viel später ernten werden. Dann müssen Sie allerdings bereit und fähig sein, einige Weichen für die Zukunft neu zu stellen, überholte Standpunkte und ineffektive Verhaltensweisen aufzugeben und in mancher Hinsicht umzudenken. Voraussetzung für diese Neuorientierung ist eine schonungslos selbstkritische Bestandsaufnahme.

Zu dieser kommt es fast zwangsläufig Ende März, denn jetzt wird Ihnen eine Art Zwischenbilanz präsentiert, indem entweder wohlbedachtes, zielorientiertes Handeln seine Früchte trägt oder nachteilige Folgen von Nachlässigkeiten und Irrwegen sichtbar werden. Spätestens jetzt sollten Sie Ihren Kurs überprüfen und ihn notfalls ändern. Gelegenheit dazu haben

Sie spätestens von Mitte April an, weil Ihnen jetzt eine bis in den Mai hineinreichende Verschnaufpause gegönnt ist. Beruflich und privat haben Sie in dieser Phase keine besonderen Probleme zu erwarten, so daß Sie es sich erlauben können, sich auf die eigenen Belange zu konzentrieren. Juni und Juli bringen eine besondere Konstellation, die etwas abgeschwächt auch im November und Dezember noch einmal wirksam sein wird. Außergewöhnlich an der auf Sie einwirkenden Kraft ist Ihre Breite, die nicht nur den Körper, sondern auch den Geist und die Seele aktiviert, so daß Sie regelrecht von einem energetischen Hoch getragen werden. Deshalb eignet sich diese Zeit, um lange Liegengebliebenes anzupacken, schwierige Probleme zu meistern, in neue, unbekannte Räume vorzudringen. Die Gefahr der Entmutigung durch Fehlschläge ist sehr gering, da Ihre Gemütslage stabiler ist als sonst. Deshalb wird Ihnen vieles gelingen, wenn Sie es planvoll anpacken und energisch vorantreiben. Da Sie auf die Interessen der Mitmenschen Rücksicht nehmen, haben Sie kaum Schwierigkeiten und Hindernisse zu erwarten.

Hoffentlich gelingt es Ihnen, aus dieser Zeit das Beste zu machen, alle Chancen zu nützen und ein wenig vom Schwung dieser Tage in die folgenden Monate hinüberzuretten, denn bis weit in den November hinein folgt eine verhältnismäßig spannungsarme Phase, in der Sie nur wenig Auftrieb erhalten werden. Die Alltagsroutine steht im Vordergrund, und das kann Ihnen in einem so langen Zeitabschnitt auf die Nerven gehen, so daß Sie reizbar und launenhaft werden, sich in der eigenen Haut nicht mehr wohlfühlen. Machen Sie nicht den Fehler, die vielleicht auftretende Langeweile durch ein Ausweichen in übertriebenen Lebensgenuß bekämpfen zu wollen, die Zügel allgemein schleifen zu lassen. Widmen Sie sich der Intensivierung Ihrer zwischenmenschlichen Kontakte, pflegen Sie Ihre Hobbys, sorgen Sie für körperliche Fitneß durch sportliche Betätigung. Erst Ende November kommen die Dinge wieder in Schwung, und auch Sie verspüren einen neuen

Antrieb, der Sie mit sanfter, aber gleichmäßiger Kraft bis weit ins nächste Jahr hinein beflügeln wird. Ihr wacher Geist bewahrt Sie vor unrealistischem Optimismus, so daß Sie mit guten Voraussetzungen ins neue Jahr hineingehen.

1989

Zum Jahresbeginn sind Sie körperlich und geistig auf der Höhe. Ein Kraftschub trägt Sie, der drei Monate lang anhalten wird. Zunächst jedoch heißt es aufpassen, denn Sie setzen Ihre Energien ein wenig rücksichtslos ein, und das kann zu Spannungen und Konfrontationen führen, die Sie unnötig abbremsen. Im Februar und März ist das nicht mehr zu befürchten, da die kosmischen Einflüsse fast durchweg positiv sind. Was Sie jetzt anpacken, sollte Ihnen gelingen, Hindernisse erkennen Sie rechtzeitig, so daß Sie ihnen ausweichen können, und es fehlt Ihnen nicht an Ausdauer, um Begonnenes zügig voranzutreiben. Da die übrigen Monte des Jahres nicht mehr so günstig sein werden, sollten Sie jetzt erledigen, was immer Ihnen möglich ist, sich bietende Chancen ergreifen, Planungen überprüfen und gegebenenfalls revidieren, langfristige Investitionen vornehmen und anstehende Verhandlungen führen.

Ende März flaut der Kraftstrom ab, die Spannung läßt nach, und bis zum ersten Mai-Drittel bleibt weiterer Auftrieb aus. Sie müssen sich dazu aufraffen, Ihre Alltagspflichten zu erfüllen und Ihre Routineaufgaben zu erledigen; nach neuen Taten drängt es Sie kaum. Nützen Sie diese Phase zur Entspannung, widmen Sie sich verstärkt den Ihnen nahestehenden Menschen, nehmen Sie sich Zeit für Ihre Hobbys. Wenn Sie dies tun, lassen sich Langeweile und Unlustgefühle vermeiden und die spannungsarmen Monate gut überbrücken. Recht erfreulich und erfolgreich kann der Juni werden, denn er bringt Ihnen körperlich, geistig und seelisch ein Hoch. Sie sind belastbar und leistungswillig, scheuen vor Entscheidungen und Verantwortung nicht zurück, denn Unsicherheit und Selbstzweifel machen Ihnen in diesem Monat nicht zu schaffen. Ergreifen Sie selbstbewußt die Chancen, die sich Ihnen bieten, trauen Sie sich etwas zu! Sie werden sehen, daß es sich auszahlt, daß Ihre Leistungen anerkannt werden. Ihr Klarblick mindert das Risiko finanzieller Vorhaben. Allerdings läßt die »Hochspannung« schon Ende Juni wieder nach. Ihr Tatendrang flaut ab, und bis Anfang September verharrt Ihr Energiepotential auf einem ziemlich niedrigen Niveau. Am sinnvollsten nützen Sie die »Flaute« im Juli und August für einen erholsamen Urlaub, falls sich dies mit Ihren beruflichen Verpflichtungen vereinbaren läßt, denn allzu leistungsfähig werden Sie in diesen beiden Monaten nicht sein. Ende August wird es Ihnen mangels Herausforderungen vielleicht zu langweilig, und dann werden Sie reizbar und nervös. Wenn Sie allzusehr mit kulinarischen Genüssen gegen die Unlust ankämpfen, könnte sich Ihr »heruntergeschluckter« Ärger in Form von einigen Kilogramm Übergewicht sichtbar niederschlagen.

Günstiger für die schlanke Linie wird die Zeit ab Mitte September, denn jetzt kommt wieder mehr Bewegung in Ihr Leben, und das bleibt bis Mitte Dezember so. Neue Anforderungen werden an Sie gestellt, aber das macht Ihnen wenig aus, denn es fehlt Ihnen nicht an Kraft und Selbstvertrauen. Ende Oktober und Anfang November müssen Sie allerdings aufpassen, denn da Ihre Nerven mehr als sonst strapaziert werden, drohen Sie die Kontrolle zu verlieren, und gleichzeitig wächst die Gefahr von Unfällen und plötzlichen Erkrankungen. Es fehlt Ihnen an Augenmaß und Überblick, so daß Sie zu riskanten Entscheidungen neigen. Schieben Sie Verhandlungen und folgenschwere Entschlüsse lieber bis Mitte Dezember auf, denn dann kommen Sie wieder in ruhigeres Fahrwasser und haben einen klaren Kopf. Das Jahr klingt ohne sehr große Anforderungen aus, so daß Sie sich von der Hektik der zurückliegenden Wochen erholen und Ihr leib-seelisches Gleichgewicht zurückgewinnen können.

1990

Markante kosmische Einflüsse zeichnen sich für den Januar nicht ab. Es sind weder große Veränderungen noch außergewöhnliche Schwierigkeiten zu erwarten, so daß Sie sich im großen und ganzen eine Verschnaufpause gönnen dürfen. Damit ist es im Februar allerdings vorbei: Spannungen liegen in der Luft, die auf Zusammenstöße und Auseinandersetzungen verweisen. Zum Teil ist das Ihre Schuld, weil Sie allzu eigensinnig auf Standpunkten verharren und Ihre Interessen recht hemdsärmelig auf Kosten anderer durchzusetzen versuchen. In Ihrer Kompromißlosigkeit setzen Sie mutwillig viel aufs Spiel, das Sie in den zurückliegenden Monaten erreicht haben und falscher Ehrgeiz treibt Sie möglicherweise zu riskanten Manövern. Nehmen Sie sich fest an die Kandare, wägen Sie Worte und Schritte behutsam ab, und verschieben Sie Verhandlungen und weitreichende Entscheidungen bis Ende März, denn dann werden Sie wieder im Gleichgewicht sein und zu Ihrer üblichen Besonnenheit zurückgefunden haben.

Vom April an wird ein deutlicher, alle anderen Einflüsse subtil durchdringender Impuls zu Ihrem ständigen Begleiter, den Sie bei der Auswirkung der Monatseinflüsse immer in Rechnung stellen müssen. Er dauert fast zwei Jahre lang, bis Ende Februar 1992, und erreicht seinen Höhepunkt im Januar 1991; dann ist besondere Vorsicht geboten. Höchstwahrscheinlich werden diese beiden Jahre für Sie nicht ganz einfach werden. Große Belastungen, Anstrengungen und Herausforderungen warten auf Sie, deren positive Resultate jedoch selten unmittelbar zu erkennen sein werden. Ihre Geduld wird deshalb einer harten Probe unterzogen, viele mehr oder minder problematische Hindernisse stellen sich Ihnen sowohl beruflich als auch privat in den Weg.

Für große, langfristig angelegte Projekte stehen die Sterne eher ungünstig. Aber diese Konstellation birgt auch große Chancen für Ihre weitere Zukunft, wenn Sie die Energien, die zur

Verfügung stehen, richtig einzuschätzen wissen. Sie können jetzt Weichen stellen: Jede längerdauernde Phase der Belastungen und Probleme ist immer auch eine große Wachstumschance, innerlich wie äußerlich. Wenn Sie diese Jahre dazu nützen, nach »innen« zu blicken, Ihre Standpunkte, Ziele und Werte zu überprüfen, überholte Vorurteile entschlossen über Bord zu werfen, falschen Ehrgeiz aufzugeben, dann wird Ihnen sicherlich ein Lohn zuteil werden, von dem Sie noch lange zehren können. Lassen Sie sich in dieser Zeit vor allen Dingen nicht durch Rückschläge entmutigen! Sie sind mehr als andere durch einen Hang zum Selbstmitleid gefährdet, und das kann sich sehr nachteilig auswirken, wenn Sie voller Verzweiflung die Flinte vorschnell ins Korn werfen.

Im April und Mai werden Sie noch nicht allzuviel davon verspüren, doch im Juni beginnt eine längere »Hochspannungsphase«, die recht turbulent zu werden verspricht. Sie werden jetzt manche Gelegenheit haben, den Wert Ihres Tuns unter Beweis zu stellen, und mehr als einmal wird Ihre Selbstdisziplin auf die Probe gestellt. Es fehlt Ihnen nicht an Kraft und Selbstbewußtsein, aber ein Zuviel von beidem beschwört beruflich und privat die Gefahr von Unstimmigkeiten und Auseinandersetzungen herauf, die Sie nur schwer kontrollieren können. Verderben Sie sich nichts, denn ausgerechnet jetzt bieten sich für das berufliche Weiterkommen einige Chancen, wobei besonders im Juli neue zwischenmenschliche Kontakte eine große Rolle spielen können. Im August erreichen Sie einen Höhepunkt Ihrer Leistungsfähigkeit. Ein großer Schritt vorwärts wäre jetzt möglich.

September, Oktober und November sind wesentlich ruhiger. Im Beruf und im Alltag erwarten Sie keine außergewöhnlichen Anforderungen. Widmen Sie sich verstärkt den Ihnen nahestehenden Menschen, damit Sie innerlich ausgewogen den letzten Energieschub des Jahres erwarten können, der vielleicht in den Dezemberwochen für einen nicht ganz so ruhigen Jahresausklang sorgt.

1991

Mit recht viel Schwung und hohen Anforderungen beginnt das neue Jahr. Lassen Sie sich durch Zwischenerfolge und Lob nicht zu Überheblichkeit verleiten, und setzen Sie Ihre Kräfte zielgerichtet ein, um Ihre Interessen voranzubringen. Der seit dem April des vergangenen Jahres wirksame Einfluß gebietet Vorsicht und Rücksichtnahme; Unbedachtsamkeit kann sehr nachteilige Folgen haben. Konfrontationen sollten Sie nach Möglichkeit aus dem Wege gehen und drohende Spannungen rechtzeitig abbauen.

Einen Tiefstand erreicht Ihr Energiepotential in den Monaten Februar bis April. Mangelnde Leistungsbereitschaft und Nachlässigkeit können Ihnen im März Schwierigkeiten bereiten. Selbstdisziplin ist gefragt. Im April erhalten Sie wieder ein wenig Auftrieb, was sich beruflich und privat auswirkt. Die Arbeit geht Ihnen besser von der Hand, Sie kommen mit Ihren Mitmenschen gut aus und fühlen sich wieder wohler in Ihrer Haut. Zum Monatsende hin verstärkt sich der Auftrieb, Ihr Tatendrang erwacht, und gleichzeitig wachsen Selbstbewußtsein und Zuversicht. Sie spüren, daß Sie jetzt einiges leisten können, doch wieder empfiehlt sich wohlüberlegtes Vorgehen: Mit Köpfchen werden Sie viel mehr erreichen als mit den Ellenbogen. Schon im Mai sinkt Ihr Energiepegel erneut und bleibt bis Ende Juni auf einem ziemlich tiefen Stand. Groß ist die Versuchung, sich durch Genußgifte, Gaumenfreuden und andere leibliche Genüsse die Lustlosigkeit zu vertreiben, aber damit erreichen Sie wenig. Am sinnvollsten ist es, die antriebsarme Zeit für einen Urlaub zu nutzen, der neue Anregungen bringt. Am Arbeitsplatz wird Ihnen in diesen Monaten kaum etwas entgehen, förderliche Chancen sind jetzt ausgesprochene Mangelware.

Wenn Ihr Urlaub in den Monat August fallen sollte, buchen Sie am besten einen Aktiv- oder Abenteuerurlaub, denn ausgerechnet jetzt haben Sie wieder einen Energieschub zu erwarten. In der Arbeit wird sich dies recht positiv auswirken, wenn Sie Ihre Kräfte gezielt einbringen und nicht übers Ziel hinausschießen. Nützen Sie den Schwung, der schon im September nachlassen wird, um auch in diesem Monat nicht zum Stillstand zu kommen, so daß die Zeit bis zum wiederum energiereichen letzten Viertel des Jahres überbrückt wird. Von Oktober bis Dezember stehen Sie unter Hochspannung, steuern mit viel Entschlossenheit Ihre Ziele an und setzen dabei notfalls auch mit seltener Selbstsicherheit Ihre Ellenbogen ein. Da die kosmischen Einflüsse vorwiegend positiv sind, ist die Gefahr egoistischer Rücksichtslosigkeit ziemlich gering, und auch in Ihrer privaten Sphäre herrscht Harmonie vor. Sie sind leistungsbereit und kommen mit Vorgesetzten und Mitarbeitern gut aus. In den letzten Dezemberwochen wird es dann ruhiger, so daß Sie sich eine Verschnaufpause gönnen dürfen. Die Zeit der Herausforderungen und Prüfungen, die im April 1990 begonnen hatte, geht allmählich zu Ende. Wenn Sie auf diese beiden Jahre zurückblicken, werden Sie feststellen, daß sich Ihr Leben verändert hat, und wahrscheinlich haben auch Sie sich verändert, hoffentlich zum Positiven.

1992

In diesem Jahr werden Sie wohl kaum von Langeweile geplagt werden, denn es herrschen »Hochspannungsphasen« vor, die von nur kurzen Verschnaufpausen unterbrochen werden. Auf einen ruhigen Januar folgt ein hochenergetischer Februar, in dem Sie sich vor Disziplinlosigkeit und Rücksichtslosigkeit hüten müssen. Nur eine bewußte Steuerung Ihrer Kräfte bringt Ihnen Erfolg. Ein wenig ausspannen dürfen Sie im März und auch noch in der ersten April-Hälfte, doch dann geht es wieder los. Da die Einflüsse diesmal vorwiegend positiv sind, wirkt sich der neue Energieschub beruflich und privat recht günstig aus. Sie treffen kaum auf Hindernisse und vermeiden besonnen

Konfrontationen. Ihr Geist ist wach, und seelisch befinden Sie sich in einem Hoch, was Ihren zwischenmenschlichen Beziehungen zugute kommt. Innerlich ausgeglichen verstehen Sie es, sich der schönen Seiten des Lebens zu erfreuen. Im Juni sollten Sie sich allerdings an die Kandare nehmen, damit Sie nicht die Kontrolle verlieren und auf klarem Kurs bleiben. Mangelnde Kompromißbereitschaft kann zu Mißverständnissen und Unstimmigkeiten führen.

Zu einem ganz besonderen Monat kann in diesem Jahr der Juli werden: Grundsätzlich wird ein hemmender Einfluß wirksam, der Ihre Kraft reduziert und Ihnen Schwierigkeiten in den Weg legt. Falsche Weichenstellungen können jetzt offenbar werden. Das mag zwar zunächst ziemlich negative Folgen zeitigen, bietet jedoch auf der anderen Seite die Möglichkeit einer Kurskorrektur. Gestehen Sie sich selbstkritisch begangene Fehler ein, und nützen Sie die Chance zu einer neuen, wohldurchdachten Wegbestimmung.

Von August bis Anfang November geht es dann wieder weitgehend reibungslos voran. Sie haben wieder Auftrieb, sind voller Kraft und Selbstbewußtsein. Mit wachem Geist gehen Sie an Ihre Aufgaben heran, mit den Mitmenschen kommen Sie gut aus. Manches wird gelingen, das Sie vielleicht lange vor sich hergeschoben haben. Auch schwierige Probleme gehen Sie mit viel Geschick an, weshalb die Zeit für wichtige Verhandlungen günstig ist. Wenn Sie den Bogen zu weit spannen, werden Sie nicht alles zu Ende führen können, was Sie jetzt beginnen, obwohl es Ihnen auch für den Rest des Jahres nicht an Energie fehlen wird. Doch jetzt wird Ihnen ein Mangel an Zielstrebigkeit und Durchblick manches erschweren. Einige Hektik tritt ein, die Ihre Nerven arg strapaziert. Wenn Sie dies spüren, sollten Sie unbedingt die Zügel anziehen, denn es drohen Reibereien und Konfrontationen, die außer Ärger nichts einbringen. Stellen Sie sich also auf diese Gefahr ein; mit Wachsamkeit und Bedacht werden Sie das Jahr zu einem guten Ende bringen können.